英語ジョーク快読のススメ
ジョークがわかれば、言葉も文化もわかる

開拓社
言語・文化選書
11

英語ジョーク
快読のススメ

ジョークがわかれば、言葉も文化もわかる

中野清治 著

開拓社

はしがき

　花見の時期に，桜の木の下に男が5，6人陣取った。酒と料理を広げたあと，太り気味の一人が言った。「さあ，豪勢なはなの下の楽しみと行くか」

　男のことばから，はなの下＝口，と読み取り，「花より団子」を連想できる外国人がいれば，その人の日本語力は日本人と変わらない。大部分の外国人は「はなの下の楽しみ＝花見」と解釈し，しゃれ（二重意味）にまで思い至らないのではないか。

　これと似た現象は英語を学ぶ日本人にも生じ得る。学校英語で長年苦労して英語がある程度読めるようになっている人でも，はじめて英語のジョークに接すると，字面の意味は分かってもどこが面白いのか見当がつかない，ということはよくあることである。理由は(1) 隠された言語上のトリック，(2) 英米の文化・社会通念等に通じていないためと思われる。

　こういう事情を考慮して，大学で英語を専攻とする学科あるいはコースの，必修科目とは言わぬまでも選択科目として，たとえば「英語ジョーク入門」といった科目をカリキュラムに組み入れることはどうだろうか。

　英語という言葉と向き合っているわれわれとしては，できるだけ英語の多様な表現やイディオムに接したいし，英米の文化・社会通念等について理解を深めたい。また，よく使われる諺・有名句・聖書のことば等も常識として知っておきたい。幸い，英語ジョークはそうしたものを学べる豊かな宝庫であり，他の科目では得られない

知材が詰まっているのである。これを素通りすれば，英語の世界の重要な分野を学び残してしまうことになるのだということが，英語教育界の常識になってほしい。

　繰り返して言うが，英語を外国語として学ぶ日本人にとって，英語が読めれば英語のジョークは分かる，というものではない。試しに第1章の冒頭に提示した10のジョークをご覧になっていただきたい。

　そこで，ジョークは解説するものではないという'識者'の言にあえて逆らい，読み解くための注釈を加えた。英語の語法・表現に対しては学習書ともいえるほどの詳注を施し，索引も充実させた。本書を通して，読者がジョークを楽しむだけでなく，学び残した英語の世界に分け入り，知的な快を味わっていただけるなら，筆者としてこの上ない喜びである。

　　2009年5月

中野　清治

目　次

はしがき　*v*

第1章　人間模様：ジョーク入門 …………………………………… *1*
　結婚・夫婦 *3*／おしゃべり *5*／うそつき *7*／子ども・赤ん坊 *9*／学生 *10*／先祖 *11*／入院患者 *11*／警察官 *12*／近頃の… *13*／税金 *14*

第2章　一役買う英文法 ……………………………………………… *15*
　動詞 *15*／名詞 *17*／代名詞 *17*／形容詞 *18*／副詞 *18*／前置詞 *20*／学習者に難しい 'can(not) … and' *21*／Amphibology *23*／比較級表現 *25*

第3章　二股かける両義表現 ………………………………………… *29*
　同音異義語によって *30*／二重意味をもつ句 *32*／イディオムにご用心 *36*

第4章　男　と　女 …………………………………………………… *43*
　せめぎあい *43*／話し好き *49*／The last word *50*／げに恐ろしきは *53*

第5章　教師と学生 …………………………………………………… *56*

第6章　エリートも形無し …………………………………………… *63*

第7章　他人のことなら（エスニック・ジョーク）………………… *73*

第8章　背後にあるもの ……………………………………………… *92*
　ずうずうしさ *92*／相手を虚仮に *94*／ノンシャラン *99*／こんぐら

かり *103*／ナンセンス *105*／バカ *106*／諺・聖書・有名句 *108*／隠し意味 *114*

第9章　茶化し表現 …………………………………… *119*
Boners *119*／Comictionary *122*／Witty Sayings *128*

第10章　ジョークの仕組み：考えの操作 …………… *133*
文脈・論理の逸脱 *133*／役割入替え *135*／とんちんかん *136*／皮肉 *137*／矛盾 *138*／比較 *138*／突飛 *140*

第11章　ジョークの仕掛け：ことばの操作 ………… *141*
［1］Pun によるもの：Homophone（異綴同音異義語）*142*／Homonym（同綴同音異義語）*143*／Metanalysis（異分析）*145*／イディオム読み vs 字義読み *147*／記号読み *147*／両義構文 *148*

［2］ことばの配列によるもの：反意語（Antonym）*149*／繰り返し *150*／音位転換（Metathesis）*151*／交差配列（Chiasmus）*152*

［3］パロディー・もじり：Wellerism *155*／Tom Swifties *157*

第12章　アホリズム ……………………………………… *159*
じんせい *159*／しごと *161*／あやまち *162*／かねもち *164*／ぜいきん *167*／どうとく *168*／ものはかんがえよう *169*／おとことおんな *171*／はじめとおわり *172*

あとがき ……………………………………………………… *175*

引用・参考図書 ……………………………………………… *177*

索　　引 ……………………………………………………… *179*

記号・略語説明

「　」: 英文の日本語訳，言葉の機能的意味，語句を際立たせるためなど。
(　): 直前にある日・英文の訳，省略が可能な語句，補足説明，言い換えなど。
[　]: 直前の語と交換可能，文法的注記・説明，構成要素，諺の表示など。
〈　〉: 代表的構文，イディオム表現，ひとまとまりの語句，補足説明など。
《　》: 品詞名，語の使用域など。
／: 両側が対比もしくは交換可能。
…: 動詞以外の任意の語句。
〜: 動詞の原形 (to のない不定詞)。
〜en: 動詞の過去分詞
cf.: 比較せよ。[＜Lat. Confer (＝compare)]
e.g.: たとえば。[＜Lat. exempli gratia (＝for example) の略]
sb: somebody の略。もっぱら動詞の目的語として。
sth: something の略。もっぱら動詞の目的語として。

　なお，[　]内の数字は，ジョークの番号を表す。相互参照のため，ジョークには通し番号を付した。

第1章　人間模様: ジョーク入門

　'Joke' のことを，ある辞書で，"A form of humor enjoyed by some and misunderstood by most"（ある人は楽しむが，たいていの人が誤解する類のユーモア）と定義しているが，これは笑い事ではすまされない。誤解して楽しんでも別に実害があるわけではないが，誤解しないに越したことはない。以下に提示した 10 のジョークは，いずれも本文から抜粋したものだが，自分が英語読みのジョーク知らずになっていないかをチェックするためのものである。おかしい，ばかばかしい，笑える，ニヤリとさせる，しゃれている，と思えるもの，要するに理解できるものにチェック印を付してもらいたい。（速解を必要とする読者のために，それぞれのジョーク番号を [　] 内に示してある）。

(1) ☐ So your wife eloped with your best friend? Who was he?

　　I don't know. I never met the fellow.　　　　　　　　[2]

(2) ☐ I want to know how long girls should be courted.

　　　　The same as short ones. [33]
(3) □ Are you fond of tongue, sir?
　　　　I was always fond of tongue, madam, and I like it still. [35]
(4) □ What part of the car causes the most accident?
　　　　The nut that holds the wheel. [40]
(5) □ I have no sense of humor.
　　　　You're right — only you should have stopped with sense. [43]
(6) □ And they say the most terrible things about her — can any of them be true?
　　　　I'm afraid not. [85]
(7) □ "Go right down the hall, turn to the left and you'll see a sign that says: Gentlemen.　Don't pay any attention to the sign — go right on in." [155]
(8) □ Don't you hate people who answer a question with another?
　　　　Who doesn't? [162]
(9) □ Dachshund — Half a dog high by a dog and a half long. [201]
(10) □ What coin doubles its value when half is reduced?
　　　　A half dollar. [253]

さて，ジョークの中で笑いの的にされる人や事物を butt と言う。これには夫婦，親子，友人，教師，学生，政治家，医者，弁護士などといった人間のほかに，結婚，浮気，駆け落ち，事故，病気，楽

器, 車, 酒, 諺・聖書・名言など, とにかく人事百般が俎上にのぼる。手始めに人間を butt にしたものを取り上げてみよう。何がジョークの謎解きの鍵であるかを, 探り出してほしい。

結婚・夫婦

1　For twenty years, my wife and I were very happy.
What happened then?
We met.

2　So your wife eloped with your best friend? Who was he?
I don't know. I never met the fellow.

　上に示した二つのジョークの意味が分からなくても, 自分に英語の力がないなどと即断する必要はない。英語力の問題ではなく, jokers 仲間で暗黙の了解事項になっていることに通じていないだけの話である。ジョークで結婚もしくは夫婦のことが取り上げられているときは, 夫婦仲に問題があるという前提で読んでみることである。この前提がジョークのなぞを解く鍵である。もう一度 [1], [2] を読み返してみると, 次のような理解が得られる。

[1]　生まれてから 20 年間の独身時代はよかった。二人が出会ったのが運の尽きだった。

[2]　いままで会ったこともない男が, 妻と駆け落ちをした。夫にとって厄介なもの(＝妻)を持ち去ってくれたのだから, その男は夫にとって 'best friend' だと言えるのである。

夫婦の仲というものは，いろいろな段階を経て，たいていは次のような状況に落ち着いていくようだ。[3] は夫婦同士の，[4] は友人同士の会話である。

3　I'm afraid the mountain air would disagree with me.
　　 My dear, it wouldn't dare.
4　My uncle was finally put to rest last week.
　　 We didn't know he had passed away.
　　 He didn't, but my aunt did.

　[3] は後に詳述する「両義表現 (ambiguity)」を利用している。一義的な解釈でどうしても腑に落ちないときには，ambiguity を疑ってかかるのが一つの解決法である。disagree with ... は「(a) ... の体質に合わない／(b) ... に同意しない，異を唱える」の両義がある。妻のほうは (a) の意味で使い，夫のほうは (b) の意味に受け取って反応している：「山の空気はあたしに disagree（だ）と思うわ」──「まさか，山の空気がそんな大それたことを」。つまり，夫はもう今では，妻の意に逆らうことを言えなくなっているのである。このような ambiguity を利用したジョークを和訳することはまず不可能である。

　[4]「僕の叔父もやっと安らぎを得たよ」と言われれば，その叔父さんが亡くなったと誰しも思う。3行目で文脈の逸脱あるいは肩透かしを食わせられて，ニヤリとするのである。rest「休息，死の眠り」 pass away=die の婉曲表現。

　謎々をひとつ。「味も素っ気もなく，できたら付き合いたくはないが付き合わざるを得なく，頼り甲斐があって役立つものは何か？」──「ワイフ」と答えた人はジョークに毒されている。なぜそのよう

おしゃべり

5 Your husband must be absolutely quiet. Here is a sleeping draught.
　　When do I give it to him?
　　You don't, take it yourself.

　1 行目は医師の助言。absolutely「絶対に」《英》draught (= draft)「1 回分（の水薬），（液体の）一飲み（の量）」 You don't (give it to him) の（　）内を省略した表現。絶対安静の必要な夫に必要だったものは，医者が妻に睡眠薬をのませて黙らせることだった。ここでも 4 行目の落ち (punch line) が効いている。女性はおしゃべり，というのはジョークの，いや，世界の常識である。

6 Do men like talkative women or the other kind?
　　What other kind?

　「おしゃべり好きな女性のグループ」を A とし，「おしゃべり好きではないほうの種類 (the other kind) の女性」を B としよう。質問者は [A], [B] の二つに類別して，男性はどちらのグループが好きかと問うている。それに対して応答者は，そのようなグループ分けは考えられない，[A, B] のように，同じ枠に入るはずだと言っている。要するに，女性には一つのタイプしかないというのである。one-liner（1 行ジョーク）にその証拠がある：Women, generally speaking, are generally speaking.（一般的にいって，女性はたい

ていおしゃべりしている)。

　このジョークの面白さは，返事の仕方にも表れている。1行目は選択疑問文なので，予想される答えはほとんど限定されている。たとえば，"Do you like A or B?" に対する答えは，常識的には次の四つしかないはずである：[A]／[B]／[Both]／[Neither]。そのどれにも当てはまらない，常識の枠を破った答えの意外性におかしみがある。

7　Have you noticed how a woman lowers her voice whenever she asks for anything?
　　　Oh, yes. But have you noticed how she raises it if she doesn't get it?

　notice「…だと気づく」〈how ... anything〉は名詞節で notice の目的語。how は先行詞を含む関係副詞で「…する様子，ありさま」の意。ほとんど that に近い。lower one's voice「声を低くする」raise one's voice「声を張り上げる」「女が何かおねだりするときにはいつも声を低めることに気づいたかい？」—「うん。でも，手に入らないと声を張り上げるさまに君は気づいたかい？」声をひそめて言われるほうが男にとっては怖いのだが…。欲しいものを手に入れるもう一つの方法は泣き落としである。しかし，そのような女性はジョークとは無縁だ。

8　Last week a grain of sand got into my wife's eye and she had to go to the doctor. It cost me three dollars.
　　　That's nothing. Last week a fur coat got in my wife's eye and it cost me three hundred dollars.

a grain of sand [salt]「砂[塩]の1粒」 nothing「取るに足りないこと[もの]」 fur coat「毛皮のコート」 get in(to) ...「...に入る」 女性は宝石，装身具，毛皮などに近づくと，普段でも大きい目がさらに大きくなる。毛皮のコートが300ドルというのはこのジョークが相当古いものであることを物語っている。よいジョークは長持ちするということの証である。

9 Have you heard the latest scandal?
No, my wife's out of town.

latest「最新の」lateは〈時間〉についていうときは late — later — latest，〈順序〉の場合は late — latter — last と語形変化[屈折] (declension＜decline) することを思い出してもらいたい。out of town「町から出て」e.g. She was *out of town* when it happened. (それが起こったとき彼女は町にいなかった) 女性は大きな目と，感度のすぐれた耳と，おしゃべりによって，家庭の情報収集機能を果たしている。

うそつき

ジョークの世界を賑々しくさせているのは女性ばかりではない。

10 Do you think a woman believes you when you tell her she is the first girl you ever loved?
Yes, if you're the first liar she has ever met.

ever = at any time「(過去[未来]の) いつの時点においても」と理解したい。「あなたは僕が愛した初めての女性です，といったら，

その女はそのことばを信じると思うかい？」—「ああ，その女の子が出会った最初のうそつきがその人だったらネ」=「それまで男に嘘をつかれたことがなかったらネ」=男はみな嘘つき。You には，本例のように，話し相手を含めた一般の人を表す総称的用法がある： "What happens if *you* heat ice?"—"If *you* heat ice, it melts." 問いに you が用いられても，返答は I ではなく you を用いる。

　ジョークの世界では，男(夫)はうそつきに決まっている。"Men were deceivers ever." と Shakespeare も言っている (*Much Ado* 2.3.66)。

　次は出色の出来だろう。

11　Here's the Mona Lisa.
　　　Aw, come on! That dame's smile reminds me of my
　　　wife's when she thinks I'm lying.

　the Mona Lisa「(ダビンチの描いた肖像画)モナリザ」　aw「《抗議・不快・疑念》ばかな」　come on「よせやい，何てことを」　dame「《米俗》女 (woman)」　remind (sb) of ...「(人)に ... を思い出させる」　wife's = wife's smile.　when「《関係副詞》[直前の名詞を修飾する形容詞節を導いて] ... する[した]時の」e.g. I'll never forget his surprise *when* I told him. (彼に話した時の彼の驚きは決して忘れないだろう)　「これがモナリザだ」—「よしてくれ。あの婦人の微笑みをみると，おれが嘘をついていると勘ぐっているときの家内の顔を思い出すよ」　モナリザの神秘的な微笑みを，これほどみごとに表現したものはほかにあるまい。人が何を考えているかは当人にしか分からないことだ。だから「(ああ，この人，

また嘘をついてるわ，と）妻が思っている」と考えるのは，自分にやましいところがある証拠だ。

子ども・赤ん坊

12 Teacher (sitting down to the piano): Well, boys, what do you want me to play?
Chorus (lustily): Dead.

　子どもたちの登場だ。chorus「一斉に発した叫び（言葉，笑いなど）」 lustily「元気に，活発に」 play「楽器を弾く／演じる」の両義。cf. play dead（死んだまねをする）　付け加えるまでもないが，子どもたちの返事として，"We want you to play ...."の'...'のところに曲名ではなく，思いもかけない言葉が返ってきた意外性がおかしいのである。

13 Say, Mom, was baby sent down from Heaven?
Yes, son.
I guess they like to have things quiet up there, huh?

　Say, Mom「ねえ，母ちゃん」 Say「《米略式》(注目をひいたり会話を始めたりするときの言葉)ねえ」 they「(天上界の)人々」〈不特定の they〉と言われるもので，日本語には訳さないことが多い。(like to) have things quiet「万事しずかにして（おきたい）」( )の外は VOC の文型。things「状況，事情，事態」 up there ＝ up in the heaven 〈（広い場所を漠然と表す）副詞＋（具体的な場所を示す）副詞（句）〉の例。huh?［文尾で］「そうだろう？」くだけ

た言い方では付加疑問の代用として用いる。この場合の付加疑問は，don't they? であって，don't I? ではない。母親から常日頃，「しずかにしなさい」と言い続けられている坊やの発想だろうが，もちろん子どもがジョークを作り出すわけではない。それにしても，下界で泣きわめく赤ん坊はどこへ送り出せばよいのか。

学　　生

14　Mack (to his roommate): Hey, Joe, that's my raincoat you're wearing.
　　Joe: Well, you wouldn't want your new suit to get wet, would you?

　Joe は Mack の新しいスーツをちゃっかり着込んだ上に，レインコートも羽織っている。ルームメイト同士の物の貸し借りはよくあることだが，本例の場合は，無断。それにしても，Joe のぬけぬけと人を喰った言い草はどうだ。仮定法 would が用いられているのは，「もし，この雨の中を出て行くとしたら」という仮定が含まれているから。That's my raincoat you're wearing.「君が着ているのは僕のレインコートだよ」〈It is ... that ～〉で表される分裂文の変形である。元の形は *It is* my raincoat *that* you're wearing. 以下の順に口語の度合いが強まる。→［関係代名詞の that が省略されて］*It's* my raincoat you're wearing. →［眼前で行われているため，it の代わりに強意的指示語の that を用いて］*That's* my raincoat you're wearing. 複数形の例：Those [They] are my shoes you are putting on.

先　祖

15 Dad, what are ancestors?
　　　Well, my boy, I'm one of your ancestors. Your grandfather is another.
　　　Then why do people brag about them?

　ancestor「先祖」another = an ancestor, too.　brag「自慢する」お父ちゃんやおじいちゃんの言動を見ていると，軽蔑したいくらいなのに，どうして世間の人が自分たちの先祖のことを自慢するのか，この坊やには合点がいかないのである。

入院患者

16 How's your brother who was in the hospital?
　　　Oh, he's all right, but I don't think he'll be home for quite awhile.
　　　Why, did you see his doctor?
　　　No, but I saw his nurse.

　「しばらくの間」は '(for) a while' というふうに名詞の 'while' を用いるのがふつうだが，これを混同して副詞を用いた表現 'for awhile' を用いることも一般化している。〈quite a [an] + 名詞〉「大した，かなり」e.g. Your younger brother has *quite a* memory.（君の弟はずいぶん記憶がいいんだね）きれいな女性看護師さんをみたら退院は先延ばしになる，というよくある話。「君は弟さんの担当医に会っ(て分かっ)たのか」—「いや，あいつの担当看護師を

見(て分かっ)たんだ」(　)内の補完的意味の成立については，[186]で扱う語用論を参照。

警察官

17　Oh, officer! There's a man following me and I think he must be drunk.

　　　(Officer gives the woman the once-over) Yes, he must be.

　give (sb) the once-over「(人)をちらっと見て品定め[評価]する」 once-over「ざっと見渡すこと」〈There is N 〜ing〉の構文について：(a) There is a dog barking. (b) A dog is barking. (a)はまったく新しい情報を伝えようとしているような場合に用いる形式。一緒にいる人が，いきなり(a)といっても，聞いた人は何の違和感も覚えないが，(b)のような言い方をされると唐突に聞こえる。(b)は，たとえば，"What's that sound?"に対する返答として，つまり，話し手・聞き手の両者に何か音が聞こえている(これも情報のうち)，という共通の認識の上に立って答えるときの文であろう。

　このジョークは，「夜目遠目傘の内」という俚諺(りげん)を思い出させる。これはどんな時に女の容貌が実際よりも美しく見えるか，つまり，見られる側の状況を示している。だが，見るほうの側の視点が抜けている。「酔いがまわって，惚れる時」と加えれば完全だろう。抜けた視点の半分を補っているのが上のジョークである。素面(しらふ)の警察官のすげない対応から，この女性の容貌のほどが分かるというものである。

近頃の …

18 Look at that youngster — the one with cropped hair, the cigarette and breeches, holding two pups. Is it a boy or a girl?

A girl! She's my daughter.

My dear, sir! Do forgive me. I would never have been so outspoken had I known you were her father.

I'm not — I'm her mother.

　youngster「子ども，若者」 the one with cropped hair, the cigarette and breeches, holding two pups「髪を刈り込み，タバコをくわえ，2匹の子犬を抱いて，ズボンをはいている(若者)」 one は前出の名詞 (youngster) を繰り返さないで，代わりに用いた代名詞。with は人物描写によく使う便利な前置詞。breeches「《口》ズボン」(cf. wear the breeches「男勝りだ」) pup = puppy「子犬」 it: 男か女か分からないので，中性の代名詞を使っている。A girl!「女の子ですとも！」 My dear「(驚き・後悔・悲しみ・いらだち・失望・同情などを表して)おや，まあ」 Do は命令文(懇願を表すこともある)を強調する助動詞。outspoken「《形》ずばずばものを言う，遠慮のない」 'I would never … her father' は典型的な仮定法過去完了の形。had I known you were her father = if I had known (that) you were her father. 「まあ，大変失礼しました。お子さんのお父様だと分かってましたら，あけすけな言い方はしなかったでしょうに」—「あたしは父親ではなく，母親です」応答者は服装も声も男にそっくりだった。

税　金

19　Two things we're sure of — death and taxes.
　　　Yeah, but one thing about death, it doesn't get worse every time Congress meets.

　(There are) two things we're sure of. と考える。「確実なことが二つある―死と税金だ」―「そうだが，死について一ついえることは，国会を開くたびにいっそう悪くなることはないということだ」every time「([S＋V＝節]を従えるので接続詞と考える)…するごとに」 Congress「[無冠詞](米国・中南米諸国の)国会」日本の国会[議会]は diet という。税金についてはもう一ついえることがある：Tax: The only thing that defies the law of gravitation.（税金：重量の法則に公然と反抗する唯一のもの）

　次は納税者の苦悩を語って余りある。

20　There's no justice. If you make out your income tax correctly you go to the poorhouse. If you don't you go to jail.

　justice「正義，公正」 make out「(書類を)作る，書く」 income tax「所得税」 poorhouse「(生活保護者のための昔の)救貧院」 jail「刑務所，拘置所」 If you don't (make out … correctly) と補って読む。正確に申告すれば救貧院行き，そうしなければ刑務所行き。

第2章　一役買う英文法

　辞書を引いたとき，さまざまな訳語のうちどれが当てはまるのか，苦労した経験は誰にでもある。特殊な単語は別として，日常使う単語はすべて複数の語義を持つと考えてよいだろう。その意味の取り違えや両義がジョークを生み出す。

　八品詞に分けられた単語にとどまらず，句や文のレベルでも二つの異なる意味，つまり曖昧さを生じることがある。日本語では，曖昧性（ambiguity）は不明瞭性（vagueness）に取り違えられやすいので，本書では ambiguity を，両義もしくは両義表現と呼ぶことにする。本章をとおして，英語ジョークの中には，基礎的な文法の知識がないと，理解も解説もできないものがあることを認識できるはずである。

動　詞

21　(A woman waved to a clergyman.)
　　　Daughter: Who's that?

Mother: That's the man who married me.

Daughter: Oh, really. Then who's that man back home?

wave「手を振る」 clergyman「聖職者, 牧師」 marry「《他動詞》(a) (牧師が)... の結婚式を執り行う／(b) ... と結婚する」の両義。母親は (a) の意味で答えたのだが, 娘は (b) の意味に受け取ったので, 家にいる父親は誰なのかと不思議に思ったしだい。文中 who married me ではなく, who married us であったならば, 娘は誤解しなかったかもしれない。もっとも, 誤解したから joke になってはいるのだが。back home (上の文では, 一時的に形容詞句として用いられて man を修飾している：「家にいるあの男」) は, 〈(広い場所を漠然と表す) 副詞＋(具体的な場所を表す) 副詞 (句)〉の形で, 英語で頻繁に用いられるおなじみの語法である。e.g. up in the sky (上空に)／there in the corner (その隅っこに)

22 I never wear gloves when I call on my girl.

Why not?

Oh, I feel better without them.

wear「身につける」 call on「(人)を訪ねる」 Why not?「なぜ (手袋をはめないの)？」 相手が否定文で述べたときその理由をたずねる定型表現。feel「(a) 手触りが... (のよう)だ／(b) ... の感じを覚える, 心地がする」 feel good「気分がよい, 楽しい, 気分が休まる」cf. feel well (体の調子がよい) [91] も参照。without them「手袋をしないほうが ([手の感触が／気分が]いっそうよい)」

名　詞

23　My grandmother is over eighty and still doesn't need glasses. Drinks right out of the bottle.

and still「それでも」　名詞 glasses が「メガネ／グラス」の両義。Drinks の前に She を補って読む。right「《副詞》まともに，直接に」ビンからラッパ飲みする，の意。日本人ならお座敷小唄調で，「メガネやコップより瓶1本，それと栓抜きが欲しいのよ」と歌う元気なおば(あ)さん。「80歳代の人」のことを octogenarian という。

代名詞

　代名詞 one には，(a) 既出の名詞を受ける前方照応の用法と，(b) 文脈から独立した用法がある。デンマークの文法学者 Jespersen (Otto, 1860–1943) は，'little ones' の形で，この (a), (b) 二つの用法を巧みに用いた表現を紹介している。結婚したばかりのカップルに向けた言葉で，なかなか味のあるしゃれである。

24　May all your future troubles be little ones.

「(a) 将来いざこざがあれば，すべて小さなものでありますように／(b) 将来問題があれば子どもさんのことだけでありますように」(*MEG* II, 10.14) [*A Modern English Grammar on Historical Principles*, 7 vols. の略]。(b) の例: She lay on the bed like *one* dead.（彼女は死人同然にベッドに横になっていた）

形容詞

25 Did Jack remain cool when that burglar came in?
Yes, he was positively shivering.

　remain「... の（状態の）ままである」 burglar「夜盗」 昼間の強盗は housebreaker という。positively「はっきりと，確かに」cool は「冷静な／低温の」の両義がある。第一話者が前者の意味で言ったのに対し，応答者（respondent）は後者の意味にとり，shivering に「（寒さで／怖さで）震えて」の両義を担わせた。

副　詞

26 "The play ended, happily," recently wrote a local critic.
What a difference a comma can make!

　文の中で使われている副詞が，「文修飾」なのかまたは「語修飾」なのかで，意味が違ってくることは，高校の授業などでよく説明される事柄である。上例のようにコンマがあると，文修飾で，「幸いにも，芝居は終了した」。コンマがなければ，語修飾で，「芝居の終わりはハッピーエンドだった」　地元の演劇評論家は，芝居の結末にかかわりなく，とにかくへぼ芝居が終わってほっとしたことを，コンマの位置で示唆している。

　コンマの使い方は，攻守所を変える危険性をはらむ。
　　(a)　The headmaster, says the teacher, is a fool.
　　　　（その教師は，校長が思慮のない人だと言っている）
　　(b)　The headmaster says, the teacher is a fool.

（校長は，その教師が思慮のないやつだと言っている）

27 Only the wife of an aviator is glad to see her husband down and out.

aviator「《やや古》飛行士」〈down and out〉「(a)〈イディオム読み〉落ちぶれ果てた；無能力な；（ボクサーが）負け続けてだめになった／(b)〈字義どおり読み〉《動詞》（飛行機から）降りて外へ出る」の両義。このジョーク，現代風に焼きなおすとすれば，aviator を astronaut と改めなければならない。astronaut にはれっきとした女性形 astronette もある。

自分の夫が 'down and out' なのを見て喜ぶのはパイロットの妻だけ。ボクサーの妻だったら 'to see her husband down and out' は悲しみこの上ないことだろう。comictionary（笑辞典：[70]参照）はボクサーについて次のようにいう。

28 A boxer is the only person who wakes up and finds himself rich.

［起き上がったら金持ち／目覚めたら億万長者］になっている唯一の人間。

29 How do you like Japanese beer?
In my stomach.

話題を持ち出す人のことを「口を開ける人，切り出す人」の意味で，以後 broacher と呼ぼう。その相手を respondent（応答者）としておく。

上例の broacher の質問に対する常識的な返事は 'Oh, I like it

very much.' とか 'Not offensive to me.' といったものだろう。respondent の意表をついた返事に一瞬「？」となり，その意味が分かって「やられた」と思うのである。疑問副詞 how の「程度」と「様態」の意味の違いを利用したジョークである。2行目の言い方は'およばれ'のときなど，食べ物・飲み物などに活用できる汎用性の高い表現といえるだろう。類似例："How do you like your school?" — "Closed."（「学校は好きかい／学校にどうあってほしい？」―「休校」）

30 Will you stop drinking for me?
Who said I was drinking for you?

1行目の副詞句 for me は stop あるいは drinking のどちらを修飾しているか，その取り方によって意味が異なる。日本語では「わたしのために，飲むのをやめてくださらない？」と「わたしのために飲むのを，やめてくださらない？」とは意味が異なる。その読点を除いた文「わたしのために飲むのをやめてくださらない？」が1行目の英文（両義）に相当する。日本語でもこのような両義表現はけっして珍しいものではない。

　　（例）「彼は人前で子どもを抱くなと叱った」[人前で → 抱く，叱った]
　　　　　「バスの中でたばこを吸うことは悪いことだと考えた」
　　　　　　[バスの中で → 吸う，考えた]

前置詞

31 You know, I would like to have you for my wife.

What would your wife ever want me for?

You know［文頭・文中・文尾で用いる］「〈文頭〉（あの）ねえ」What ... for?「なぜ... か？」　上記の二つの文を別々に提示されて和訳するように言われたら，おそらく，「実は，あなたを妻として迎えたいのです」，「奥様がいったいなぜ私を身近に置いておきたいのでしょうか」となるであろう。2行目にさしかかって思考の流れが頓挫してしまうのは，respondent（第2話者）が broacher（第1話者）の意図を曲解，あるいは誤解したからである。第1文は前置詞 for の語義によって少なくとも三つの意味に解することができる。

(a)　《交換》「妻の代わりにあなたを身近に置いておきたい」
(b)　《資格・相当》「あなたを妻として身近においておきたい」
　　　［上例の意味］
(c)　《利益》「妻の益のためにあなたを身近に置いておきたい」

申し込まれた女は，故意にか，またはうっかりしてか，(c) の意味にとって，申込者の意中にある焦点を，自分から相手の奥さんに振り向けた。第2文目の主語が your wife になっていることから，そのことが分かる。結婚の申し出を暗に断っていることばなのか，あるいは申込者の発話を誤解して玉の輿に乗りそこなった鈍い女のことばなのか。

学習者に難しい 'can(not) ... and'

32　Paw, does bigamy mean that a man has one wife too many?

> Not necessarily, my son. A man can have one wife too many and still not be a bigamist.

paw = papa「父ちゃん」 bigamy「重婚」 Not necessarily「必ずしもそうではない」 (can) have one wife too many and still not be a bigamist.「妻が一人余計にいて、それでもなお重婚者ではない（ことはありえる）」 子どもは重婚の意味を正しく理解し，one wife too many を「一人余分の妻」という意味で用いた。父ちゃんはその同じ表現に，妻が一人だけであっても持て余している思いを込めている。父ちゃんが母ちゃん一人でも苦労しているのに，bigamist の話を持ち出すところはやはり子どもである。

このジョークから二つの文法事項 (1), (2) が学べる。

(1) can と and が共起している次のような文は曲者である。

   (a) You cannot eat your cake and have it.
   (b) You can not eat your cake and have it.
   (c) You cannot read the book and not be moved.

and は前後の構成素をがっしりと縛りつけていること，そして can(not)〈[可能・容認] できる（できない）〉の作用域をみきわめることが鍵である。各文の parsing（構文解剖）と意味を以下に記す。

   (a) You cannot [[eat your cake] and [have it]].
   (b) You can [[not eat your cake] and [have it]].
   (c) You cannot [[read the book] and [not be moved]].

(a)「ケーキを食べておきながらそれをまだ手元においておくなんて、そうは問屋がおろさない」(b)「ケーキを食べないで、そのままずっと手元においておくこともできる」(c)「その本は感動なし

には読めない」(= You cannot read the book without being moved.)

(2)〈one wife too many〉は，名詞 (one wife) が『程度』を表す副詞として用いられている例である。つまり，どの程度「多すぎる (too many)」のかを示す副詞である。簡単な例でいえば，"The baby is three months old." の 'three months' は，赤ちゃんがどの程度 old なのかを示しており，形容詞を修飾しているので副詞である。例を挙げる（斜体字部）。have *one drink* too many（飲みすぎる）／*one time* too many（何回も～しすぎる）／He must always say *one word* too many.（彼はどうも一言多い: must は「～するといってきかない」の意）／This hat is *a great deal* too big for me.（帽子は私にはだいぶ大きすぎる）

Amphibology

今まで行ってきた作業，すなわち，語の品詞・語尾変化，語句の統語関係（単語をつなげて句・節・文を作る際の語の配列順序・結合関係）などを記述すること，あるいは構成要素に分析することを parsing（構文解剖）という。こうした parsing によって二様に解釈できる文を amphibology（両義構文）という。

33 I want to know how long girls should be courted.
The same as short ones.

'how long girls should be courted' が両義である。court「(女性) に求愛する」 short ones = short girls. how を「《方法・様態》どんな方法で [ふうに]」の意味に解すれば，long は必然的に

「背の高い」という意味で考えることになる:「背の高い女にはどんなふうに言い寄ればよいか」。しかし,多くの場合,how long とつづけば,たいていの人は「《程度》どれほど(の期間)」の意味にとってしまう。その読みの傾向を逆手にとったジョークである。how の両義についてはすでに触れた([29])。

34 Call me a taxi!
Okay — you're a taxi.

「タクシーを呼んでくれ」[SVOO]を,「タクシーと呼んでくれ」[SVOC]というふうに,故意に曲解して茶化したもの。

35 Are you fond of tongue, sir?
I was always fond of tongue, madam, and I like it still.

be fond of ...「... が大好き」 'I like it still' が両義構文[(a) SVOM／(b) SVOC]。「(a) それを相変わらず好きだ／(b) それがじっと動かないでいるのが好きだ」 tongue「(a) 舌肉,タン／(b) 話,おしゃべり;舌」の両義。still「(a)《副詞》今なお,相変わらず／(b)《形容詞》静かな;黙っている;静止している」食事の席で隣り合ったおしゃべり好きな女性に対する男の返事には,辛らつな皮肉が込められていることに,女性は気づいただろうか。

36 So John is dead. Did he leave his wife much?
Oh, nearly every night.

'Did he leave his wife much?' が両義構文[(a) SVOO／(b) SVOM]。leave「(a)(財産など)を残して死ぬ／(b) 置き去りにする」 much「(a)《名詞》多額／(b)《副詞》しばしば,しょっちゅ

う」1行目：「(a) 彼は奥さんに遺産をたくさん残したか／(b) 彼は奥さんをしょっちゅう（ゴルフ，パチンコ，マージャン）ウィドウにしていたか」。

このあたりに来ると，ジョークのトリックが見えてくる。Jokerはまず，① 両義表現を見つけ出す（leave much）。次に，② 両義表現の一方の意味を引き出すような状況・前提文を考える（John is dead.）。③ 両義表現のもう一方の意味を持つ文を考える（しょっちゅう奥さんから離れていた）。④ 状況や前記3項を全体的な角度から再検討する。こうして前提となる情報を与えられた読者は，必ず一方の読みに誘導される。それをはぐらかしたり，うっちゃったりして，おかしみを出すのである。(例)「八っつぁんが，寄席で笑い死にしたんだとよ」—「そんなに面白かったのかい？」—「うんにゃ，笑い茸たべてから行ったもんで」という具合に。

以下，「　」の中の文字を，実際に紙に書いてから答えてもらいたい。(1)「木」はなんと読む？（き）— (2)「林」は？（はやし）— (3)「森」は？（もり）— (4)「'森'の下に'木木木'を書き加えた文字」は？（ジャングル）— と，たいていの人は答える。残念でした。六本木です。(1)-(3) は，一方の意味へ誘導するお膳立てだったことが分かる。

さて，先の [4] で呈した謎々の答えは「辞書，時刻表等々」である。なぜあなたが「ワイフ」だと答えたか，賢明なあなたには，その理由はすでに明白であろう。

比較級表現

37　Prof.: Give the inflection of 'ill'.

　　　　Stud.: Ill — worse — dead.

　Give「...を挙げよ」 inflection は「屈折型」のことで，これには declension（個々の名詞・代名詞・形容詞などの，一連の語形変化を一定の順序で列挙する「語形変化」）と conjugation（動詞の活用変化）が含まれる。教授は語形変化を求めているのであって，容態変化を求めているのではない。教授はこの学生を最低の学生 (the worst student) だと思ったことだろう。ところが話はここで終わらない。ある辞書（*WNWD*）によると，

　　'worse' *adj*. 1. bad, evil, harmful, unpleasant, etc. in a greater degree; less good.
　　　　　　 2. in poorer health or physical condition; more ill; less well.
　　'worst' *adj*. bad, evil, harmful, unpleasant, etc. in the highest degree; least good.

とあって，最上級のほうには一般的な事柄についての説明はあるが，健康状態についての記述はない。したがって，辞書に定義がない以上，2行目の学生の答えは正解なのである。（このもっともらしい言い方に読者はだまされないように。まず言葉があって，その後に辞書が誕生したのであり，その定義も完全無欠なものではない）。英米の辞書の不備を補っているのが英和辞典だ。さすがに日本の辞典はすぐれている。worst に「（寒さ・病気などの）峠」の訳を当て，'The patient was worst last night.' といった例文を挙げている。それで結論だが，'ill' の語形変化は 'ill — worse — worst — dead' ということになる。

　英和辞典だけをほめるのでは公正を欠く。英語辞典からも学ぶべ

きことは多くある。比較表現を扱ったものではないが, 一つの例を示す。

(例)　A boy went into the local department store where he saw a sign on the escalator — 'Dogs must be carried on this escalator.'

The boy then spent the next two hours looking for a dog.

carry には驚くほど多くの語義がある。英和辞典でも, 動詞の主語や目的語になれる名詞についてかなり詳しく明示されているので, 使用に便利である。しかし, ここでは英語辞典が英和辞典に劣るものではないことを示すため, 上例で使われている carry に関係する意味を挙げる。まるでこのジョークを読み解くために与えたかのような定義である。

(a)　to take people or things from one place to another.

(b)　to take sth somewhere by holding it etc.（下線筆者）

(b) の語義には人間が関与していることが下線部から読み取れる。したがってエスカレーターの標識は次の両義に読める。「(a) 犬はこのエスカレーターに乗せて運ぶこと／(b) このエスカレーターでは犬を抱いて運ぶこと」少年は (a) の意味に解した。犬専用のエスカレーターとはすごい, 犬が乗って運ばれるところを一目見たいとばかりに, 辛抱強く待っていた。

話を比較表現に戻す。

38　Whiskey kills more people than bullets.
That's because bullets don't drink.

bullet「弾丸」 broacher は第 1 行（両義）を,（a）Whiskey

kills more people than bullets do.（弾丸で命を落とす人よりもウィスキーで死ぬ人のほうが多い）と，飲み過ぎをたしなめるつもりで言ったが，respondent は同じ文を，(b) Whiskey kills more people than it kills bullets.（ウィスキーで命を落とすのは，弾丸よりも人間のほうが多い）と解し，その理由は，弾丸はウィスキーを飲まないからだ，と酒をやめないことの言い訳にした。二様に解せられる類例: John knows a kinder person than Bill.

第3章　二股かける両義表現

　両義性（ambiguity）とは同一の語・句・文が二つ以上の異なる意味を有することであることは前の章で述べた。

　ambiguity の ambi- は，ラテン語からの借用語に付する接頭辞で，「両方（both），両側に（on both sides），周囲に（around）」の意味がある。例をあげると，ambidextrous（両手利きの），ambivalence「両面価値，アンビヴァレンス（同じ対象に対して愛と憎しみなど相反する感情を同時に抱き，二つの相反する方向へ同時に向かわせる精神状態）」などがある。amphi- は ambi- と同じ意味で，ギリシャ語からの借用語に付する。たとえば，先に扱った amphibology（両義構文＜G. *amphibolos*「両側に投げられた」），amphibious（水陸両用の），amphitheater（円形劇場［周囲に階段席をめぐらした円形の建物；コロセウムなど］）等に見られる。

　前章では両義性を主として品詞の面から見てみた。本章ではイディオムを中心に両義性を探ってみる。両義という言葉は，もっぱら文法用語として使われるが，ジョークの側からいえば，しゃれ・地口の謂にほかならない。

同音異義語によって

39　My uncle just had his car overhauled and it cost him $50.
　　 Fifty dollars for overhauling a car?
　　 Yes, he was driving on the highway and a policeman overhauled him.

　overhaul は homonym（同綴同音異義語）で「…に追いつく／分解修理する」の両義。just「ちょうど今（～したばかり）」had his car overhauled「車が追いつかれる／車をオーバーホールしてもらう」〈S have O ～en〉「S は O が～されるのを経験する」が原義で,「経験受動態」と呼ばれるもの。「される」「してもらう」の訳は文脈による。broacher はスピード違反のことを述べており, respondent は分解修理代金の安さに驚いている。

40　What part of the car causes the most accident?
　　 The nut that holds the wheel.

　2 行目には二つの homonyms が用いられているので, 込み入っている。nut「ボルトを締めるナット／馬鹿者」の両義。wheel「車輪／ハンドル」の両義。「事故の最も多い原因となるのは車のどの部分か」—「車輪をおさえているナットだ／ハンドルを握っている馬鹿だ」同一の音に二つの異なった意味がある語を含む文を, 他の言語に訳すのはまず不可能である。これに類する日本語の駄じゃれ「かみに見放されたら, うんは自らの手で掴め」を, 英語に訳すことはできるだろうか。

41　Are you fond of nuts?
　　　Is this a proposal?

　上例で nuts が登場したので、もう一度付き合ってもらうことにした。男：「ナッツはお好きですか」女：「それってプロポーズ？」男を初めから馬鹿だと決めつけているから、女は1行目を「馬鹿は好き？」→「ぼくのこと好き？」と受け取ったのである。

42　Why can't I park here?
　　　Read that sign.
　　　I did. It says, "Fine for parking," so I parked.

　質問者は 'Fine for parking,' を (a)「駐車結構」と解したが、(b)「駐車罰金」が標識の意味するところであった。前置詞 for はそれぞれ「(a) 適否／(b) 代償・賞罰」を表す。

43　I have no sense of humor.
　　　You're right — only you should have stopped with sense.

　ここでも前置詞が問題になっている。with sense「(a) 分別をもって／(b) sense という語でもって」の両義読み。「ユーモアのセンス」のうち、「ユーモアの」は余分だから sense で止めておくべきだった、と respondent は言っているのである。隠し意味は「お前さんは分別がない」ということ。(b) の読みでは sense という語は単なる記号になっているにすぎない。この手のトリック（記号読み）は謎々にもよく用いられる。

　　　What is the end of everything? (G)
　　　What letter is more in sorrow than in anger? (R) [cf.

Shak., *Hamlet* 1.2.232 のもじり〕

なお，stop with の 'with' と同じ用法である 'end with' とその反意句 'start with' を使った次のような謎もある。

What starts with a T, ends with a T, and is full of T?
(teapot；初めの二つの T は記号と解し，最後の T を tea と考える)

二重意味をもつ句

以上で語のレベルでの両義を扱ったが，句のレベルでも多義は生じる。句はイディオムの場合もあるし，そうでない場合もある。

44 Got your teeth filled, eh? Did the dentist do a good job?
Well, I can honestly say he spared no pains.

1行目は (Have you) got your teeth filled? の ( ) 内が省略されたもの。〈get O 〜en〉「O を〜してもらう」 eh は相手に念を押すための間投詞。'eh' はカナダ人がよく使う英語の特徴で，八つの機能が報告されている（八木克正『新しい語法研究』山口書店）。〈spare no pains〉「労をいとわない，あらゆる努力を払う」というイディオム。このイディオムが3行目で両義に用いられている。「(a)〈慣用句読み〉正直な話，先生は苦労をいとわなかったよ／(b)〈字義読み〉正直な話，先生は痛みを与えるのを容赦しなかったよ」pain「(a)［複数］努力，骨折り／(b)（体の特定の箇所の）痛み」の両義。spare〈「惜しむ」が原義〉は両義：「(a) 控える，省く (to keep from using, spending, etc.)／(b) ... を加えないでおく (to keep from giving (sb) (sth unwelcome)」(*LDCE*)。

歯医者はジョークの格好の butt になっている。

45　Did you have a good time at the dentist's?
　　　I was bored to tears.

have a good time「おもしろい思いをする」 ひどい目にあったかと皮肉まじりに尋ねている。dentist's = dentist's office「歯科医院」〈be bored to tears〉「〈慣用句読み〉ほとほと退屈する／〈字義読み〉涙が出るほど穴をあけられる」 bore「退屈させる／穴を開ける，掘削する」の両義。

46　Physician says one million women are overweight.
　　　These, of course, are round figures.

physician「内科医，医者」cf. surgeon（外科医），physicist（物理学者）　overweight「太りすぎの」　round「《両義》概数の，大ざっぱな／丸々と太った」　figure「《両義》数字／姿，体つき」　概数を 'round numbers' としたのではジョークにはならない。'round figures' としたところに工夫が見られる。日本では欧米ほど '概数' は多くないようだ。

話は変わるが，「医者の不養生」ということわざに対して，「医者の不処方」もあってよいのではないか。医者は自分の身内を治療するとき，病が重い場合にはとくに，感情に左右されて，客観的に診断したり執刀したりしにくくなるという人間の弱さがあり，知人の医師に委ねることは，ままあることである。

以下の [47]，[48] は謎々（riddles）である。注解を見ずに両義を探ってもらいたい。

47　Why is a goose like an icicle?
　　　Both grow down.

　grow down は［SVO］／［SVM］の両義構文。ガチョウであれば「羽毛が生える」ことになり，つららであれば「下にのびる」ことになる。

48　Why did the girl's granny knit her three socks for Christmas?
　　　Because she wrote to say she had grown another foot.

　「女の子のおばあちゃんがクリスマスの贈り物に，女の子にソックスを3枚編んであげたのはなぜ？」 granny「おばあちゃん」she wrote to say (that) …「… と手紙で言ってよこした」［＝She wrote to her saying (that) …］。she had grown another foot は「身長がさらに1フィート伸びた［SVM］」／「足がもう1本生えてきた［SVO］」の両義構文。

49　Does your husband lie awake at night?
　　　Yes, and he lies in his sleep, too.

　「ご主人は夜中に目覚めたまま横になっているんですか」―「ええ，眠っているときにも嘘をつくんです」 lie「嘘をつく／横たわる」の意味をもつ homonym（同綴同音異義語）。質問者（たぶん医者）が，そのことばの中に，'husband' と 'lie' を共起させれば，聞いた奥さんとしては，条件反射的に「嘘をつく」のほうに考えがまわってしまう。夫はよく嘘をつくものだという前提に立った joke である。［11］参照。

> **50** How can you make a slow horse fast?
> Don't feed it.

　両義構文 (amphibology) と同綴同音異義語 (homonym) をミックスした joke。まず fast が両義であることを理解していないとこのジョークはお手上げである。fast「(a)《動詞》断食する，絶食する／(b)「《形容詞》(運動・動作の速度が) 速い」の両義。make は (a) [make O C]「O を C にする」と (b) [make + O + 〜]「O に〜させる」の両義構文。feed「(動物) に餌を与える」「のろい馬をどうすれば早くできるか／絶食させることができるか」—「餌をやらないことだ」

> **51** Bald head — it's like heaven; there is no dying or parting there.

　理髪師と牧師が背中合わせになって，同時に発したことば。dying を「染めること (= dyeing)／死ぬこと」の両義に，parting を「(髪を) 分けること／(永遠に) 別れること」の両義に解すれば，それぞれ禿頭と天国にあてはめることができる。〈There is no 〜ing〉(= It is impossible to 〜) の構文読みは禿頭のほうだけに当てはまる。禿頭が揶揄の対象になるのは洋の東西を問わぬようだ。歌の文句にもある。「はげとはげとが喧嘩してどちらも [毛が／怪我] なくてよかったね」「世の中は澄むと濁るで大違い刷毛に毛があり禿に毛がなし」じつに，世の中を明るくしてくれる。

イディオムにご用心

イディオムにも両義が生じることは，上の [44]，[45] で見たとおりである。ここで新たに項を立て，イディオムの持つ両義性について考察し，さらにいくつかのジョーク例を示してみたい。

単語は他の言葉と結合してはじめて生きた意味を持ち始める。たとえば，「手」は「人の身体の，左右の肩から長く出ている部分」以上のものではない。それが，他の言葉と結びつくと，にわかに多様な意味を持ちはじめる。たとえば，「手を［上げる，打つ，掛ける，切る，擦る，通す，抜く，引く，回す，焼く，煩わす］」のように。このような「比喩的・慣用的に用いられる状況」と，「実際の手が用いられる状況」の重なる場面で，「手」を含む上記の慣用表現を使うと両義が生じ，しゃれることができる。例：「君のおじいさんの会社，倒れたんだって？」—「ああ，僕が手を引いたもので」英語でも同じトリックを用いているはずだ。

52 Mr. Grouch was enraged when young Joe from next door began throwing stones at his greenhouse. 'I'll teach you, you young rogue!' roared the furious neighbor. 'I'll teach you to throw stones at my greenhouse!'

'I wish you would,' said the insolent lad. 'I've had three tries, and I haven't hit it yet!'

Mr. Grouch「不平氏」cf. grouch（不平を言う） enrage「ひどく怒る」⟨en- + 名詞⟩ = 動詞（例: encourage, enslave, etc.）。greenhouse「温室」 you young rogue「お前悪たれ→このがき」 rogue「悪党；いたずらっ子，悪たれ」 roar「どなる，わめ

く」 furious「怒り狂った」 insolent「横柄な,無礼な」〈I'll teach you to ~〉「〈慣用読み〉~するとひどい目にあわせてやるぞ／〈字義読み〉~の仕方を教えよう」e.g. *I'll teach you to* talk back to me.（口答えしてみろ，ただではおかないぞ） lad「少年，若者」 Joe は字義どおりにとって，不平氏をからかっている。「教えてもらいたいもんだ。3度試したけど，まだ1度も当たっていないもん」

> **53** Man: Where in hell have I seen you?
> Bishop: I don't know. What part of hell are you from?

〈in hell〉「《俗》[強意語として疑問詞の直後に置いて]一体全体」司教は，男が「一体どこで…」の意味で使った 'in hell' の言葉尻につけこみ，故意に，文字どおり「地獄のどこで…」の意味にとって，揚げ足をとっている。2行目第2文：「地獄のどこの出身ですか」聖職者も皮肉を言うものだ。

> **54** How are you coming along with your reducing?
> I guess I must be one of those poor losers.

〈How are you coming along with …?〉「…はどう進んでいるか」は定型表現である。〈come along with …〉「…に関して（どのように [様態の副詞語句]）やっていく」 reducing「減量すること」 those [名詞の直前]「よくある…,例の…」 a poor [bad] loser は両義によるしゃれ：「(a)〈慣用〉負けて文句ばかり言う人／(b)〈字義〉減量するのが下手な人（lose には「体重を減らす」の意味があることから）」cf. a good loser（負けて悪びれない人）「減量する人」という意味での loser は辞書的に確立した単語ではな

く，その場限りに臨時的に一回限り用いられた 'nonce word'（臨時語）である。これは話し手が，その場の勢いや急場の応答で作り出す個人的な用法であるから，多少，不自然さや曖昧さを帯びることが多く，そこにユーモア，皮肉，風刺等の意味合いも出てくることになる。e.g. I have dirtied my hands.（私は手をよごした）

敗者かならずしも不幸とは限らない。次の例が証明している。

55 What's the cause of Janet's unpopularity?
She won a popularity contest.

「ジャネットの不人気の原因は何？」—「人気コンテストに優勝したの」人々からはほどほどに好かれているほうが幸せなのだ。それまで，ご機嫌取りをしていた周囲の男たちも，上り詰めた女性は敬遠するだろうし，同性である女性は green-eyed monster（嫉妬）に阻まれて，きっと近づきがたく思うことだろう。ジョークといって軽んずるなかれ，人間の真実を抉り出すものもあるのである。

56 Johnny, I wish you'd be a good little boy.
I'll be good for a nickel.
The idea! Why can't you be like your father, good for nothing?

nickel「5セント白銅貨」(cf. penny「1セント銅貨」, dime「10セント白銅貨」, quarter「25セント銀貨」)　第2文は「お駄賃くれたらいい子にするよ」。The (very) idea (of it)！（= What an idea!)「《口》（相手の考えに不満・驚きなどを示して）なんてばかな，あきれた」〈good for nothing〉「ただで；いたずらに；理由もなく」の最初の意味が，3行目（両義）の片方の意味。この3語を

ハイフンで結んだ複合語 good-for-nothing には「《形》役に立たない，毒にも薬にもならない;《名》ぐうたら」の意味があり，母親はこれに good for a nickel に対応する意味（＝何ももらわなくてもよい子にして）をも担わせて，3行目でしゃれている。「どうしてお父さんのようになれないの，〈(a) お駄賃をもらわなくてもよい子にしているのに／(b) 役立たずのぐうたら（のお父さんのように）〉？」

57 I thought it was funny the other day when that fellow fed you all those green apples.
Yeah, I had to hold my sides.

〈It was ... when ～〉「～したときは ... だった」「状況」の it で，when 以下の内容を受けている。'fed you all those green apples' は 'fed [you all] [those green apples]' ではなく，'fed [you] [all those green apples]' と読むべき。理由は respondent が 'we' ではなく 'I' で答えているから。feed — fed — fed「（食物を）与える，食べさせる」 green apples「未熟のリンゴ」 'hold my sides'（腹を抱える）の中身は ［(a) hold my sides (with laughter) ← funny と関連して／(b) hold my sides (with pains) ← green apples と関連して］の二重読み。pain(s)「（体の特定の箇所の）痛み」「先日のあれはおかしかったね，あいつが君に青いリンゴを全部食べさせたときのことさ」—「うん，（おかしくて／おなかが痛くて）腹を抱えてしまったさ」

以上で見てきたように「〈イディオム読み〉vs〈文字どおり読み〉」または「〈慣用句読み〉vs〈字義読み〉)」という図式で捉えさせるジョークは非常に多い。

58　Excuse me — I was lost in thought.
　　　Yes, it's always easy to get lost where one is a stranger.

　三つの両義表現がある。(1) lost in thought「(a) 物思いにふけって［沈んで］／(b) 思考（の過程）で道に迷って」(2) where one is a stranger「(a) 自分になじみのない分野では（= in the area where one is a stranger)／(b) 自分がはじめて来た所では」(3) stranger「(a)（考えることに）不慣れな人／(b)（見知らぬ土地に来た）不案内者」 get lost「迷子になる」
　「失礼，考え事をしていましたので」と言った第1話者に，君はおよそ考えるなどといった高尚なことにはなじみがないのだから，慣れない分野でどちらへ進んだらよいか（= 考えの道筋をどのようにつけるか）迷ってしまうのはよくあることだ，とやんわり皮肉ったものだろう。

59　I'm awfully sorry I can't pay you this month.
　　　That's what you said last month.
　　　You see — I keep my word.

　'I keep my word.' をイディオム読みの「私は約束を守ります」としたのでは面白さが伝わらない。「(先月 'I can't pay you this month.' と) 言った言葉は守りつづける［変えない］のです」と字義どおりに解すると，1行目が生きてくる。You see ...「だって［あのね］... なのはご存じでしょう［相手の承知していることを述べ，驚き・非難を避けるために文頭または文尾につける文句］」集金人をからかうのも程々にすべきである。もしこれが電気料金の不払いであれば，集金人から "You'll be de-lighted." と返され，そのう

ち電気を止められることになるだろう。cf. de-light（光を取り除く）［造語］／be delighted（大いに喜ぶ）

60 Have an accident?
No, thanks — just had one.

1行目は (a)（Did you) have an accident?／(b)（Will you [Would you like to]) have an accident? の両義。（ ）を省略したことによって両義が生じためずらしい例である。「事故に遭ったの？」と尋ねられたのだが，(b) の省略した表現〈Have ...?〉が，食べ物や飲み物を勧めるときの定型表現なので，それに引きずられて 'No, thanks — (I) just had one.' と答えてしまった。「(a) 事故に遭ったの？／(b) 事故はいかが？」—「いや，結構，頂戴したばかりなので」

61 Why don't you drown your troubles?
I would, but I can't get her to go in swimming with me.

Why don't you 〜?「〜してはどうか」［「なぜ〜しないのか」という意味もある］。〈drown one's troubles [sorrow, cares]〉「自分の悩み［悲しみ，心配事］を酒で紛らす」 drown「《両義》溺死させる／（酒などで）紛らす」 I would「できるものなら，そうしたい」 get (sb) to 〜「（人に）〜させる」 go in ...「... に加わる」2行目：「そうしたいのだが，あれを泳ぎに誘い出すことができないんだ」と読み進んだところで 'her' があるのでおかしいと思い，1行目をもう一度読み返すと「御上さんを溺れさせてはどうだい」という別の意味があることが分かる。もちろん，broacher はそのような意味で言ったのではないが。

62 Did you hear about the guy that lost his left arm and leg in a car crash? He's all right now.

「車の衝突事故で左の手足を失った男のことを聞いたかい？ (a) 今では元気になってるよ／(b) 今では右の手足だけだ」 all right「(a)〈慣用読み〉無事に，元気で，申し分のない／(b)〈字義読み〉ただ右だけで」 all「ただ...だけの」e.g. become *all* skin and bones（骨と皮ばかりになる） all right は (a), (b) ともに文字面では同じだが，発音するときには (b) の場合，all と right との間にかすかなポーズがあるはずである。

第4章 男 と 女

　ジョークの butt として男と女，そして両者の関係，これ以上の材料はない。現実世界でも，ジョークの世界でも，男のほうが圧倒的に旗色が悪い。なぜなのか。その理由が見えてくるだろう。ある人は次のように言っている。

> When a man and woman marry, they become one. The trouble starts when they try to decide which one.
>
> (男女が結婚すると一つになる。もめごとが生じるのはどちらかを決めようとするときだ)

　上の文は Eve を Adam にめあわせたとき，「人はその父と母を離れて，妻と結び合い，一体となるのである」と宣言した神のことばを踏まえているので，男女の戦いは人類史が始まって以来，途絶えることなく続いていることになる（創世記 2:24）。

せめぎあい

　次はほんの小手調べである。意味を考えてもらいたい。

63 Not all men are fools; some are bachelors.

「すべての男がバカと言うわけではない。中には学士さまもいる」と訳せたのは明治時代までだ。しかし,そのような訳ではジョークにはならないし,そもそもこの文自体,日本人相手のものではない。今日でも上のように解する人はいるにはいるが,それは日本人の中での話であって,英米人でそのように理解するものは一人もいないだろう。bachelor「学士／独身の男」の両義。上例を「中には独身の男もいるのだ」と解釈すべき根拠を以下で探る。

64 A bachelor is a man who thinks before he acts, and then doesn't act.

before he acts とは「結婚に踏みきる前に」ということだ。そして「考え」たあと,「行動しない」のが bachelor である。優柔不断なのではなく,周囲の憐憫と軽蔑の目をものともせず,賢明な決定をしたのである。

65 Did you have complete control of yourself at the time?
No, my wife was with me.

at the time「そのとき」 have complete control of …「(a) …を完全に制御［抑制］する／(b) …を完全に支配［管理］する」の二様に解する。broacher が「自分の気持ちを抑える［冷静でいる］ことができたか」と尋ねたのに対して,respondent は control を (b) の意味にとり,「いや,妻が完全におれを押さえた」という意味で,my wife was with me と言ってしまった。'My wife was with me.' は,このコンテクストでは 'My wife had complete control of me.' と同義であり，夫と妻の力関係を表す表現なのである。(→隠し意味 [186] 参照)。

66 I never take trouble home with me from the office.
I don't have to either; mine's usually there at home waiting for me.

　home（家に［へ］，在宅して）は副詞である。「携帯」を表す with は bring, carry, take などの動詞と一緒に用いられる。I don't have to (take trouble ... office,) either. ( ) 内を省略した表現。either の前のコンマはあってもなくてもよい。mine's = mine is = my trouble is.「仕事上の問題［ごたごた］はぜったいに家には持ち帰らない」――「おれもその必要はない。うちの trouble はもうすでに在宅していて，おれを待ち構えている」（言うまでもないが trouble とは→問題→厄介なもの→山の神）

　'mine's usually there at home waiting for me.' は通常の語順の 'mine's usually waiting for me there at home.' とは異なる。特別の語順をとっているのにはわけがある。伝達される情報という角度から文を分析すると，この二人にとって trouble と home は，少なくとも言葉の上では，既知情報である。焦点となる新情報（ジョークにおいては，意表をつくような新情報）は，平叙文においては，通常，文尾に置かれる。そのような理由で新情報である 'waiting for me' を文末に持ってきたのである。また，そうすることによってジョークの面白さも引き立つことになる。ちなみに，2行目を通常の語順に置き換えてみられたい。The joke fell flat.（ジョークは受けなかった）ということになるだろう。

67 You seem rather hoarse this morning, Mrs. Peck.
　　　Yes, my husband came home very late last night.

　rather「ちょっと，かなり（普通以上に，というニュアンス）」hoarse「しわがれ声の」 午前様になった夫との間に何があったか察しがつく。Peck 夫人の名前は「（口うるさく言って）（夫を）尻に敷く」の意の henpeck を連想させる。cf. a henpecked husband（恐妻家）

68 Before marriage a man yearns for a woman. After marriage the 'y' is silent.

　yearn for ...「... を慕う，切望する（for は「目標」を表す）」the 'y' is silent「yearn の y の文字は黙音だ」 すなわち，earn（稼ぐ）になる。このとき，earn for の for は「受益（... のために）」を表す。silent「《形》発音されない」cf. a *silent* letter（黙字）[comb, doubt の b がそれ] 結婚前の男は女性にあこがれるが，結婚後はしごかれる。

　これほど多くの証拠を提出されると，Shakespeare が Hamlet に語らせた "Frailty, thy name is woman!"（弱き者よ，汝の名は女なり）が真実かどうか疑わしくなってくる。(*Ham* 1.2.146)

　ギリシャ語に起源をもつ phobia は「（特定の事物・活動・状況に対する）病的恐怖［嫌悪］，恐怖症」を意味する。e.g. We have a *phobia* about nuclear weapons.（核兵器に対して病的恐怖を抱いている）この語はまたそのまま '-phobia' の形で「（語頭要素を）恐れる，嫌忌する」という一般的意味を持つ精神障害名を表す接尾辞としても使われる［たとえば，acrophobia（高所恐怖症），

agoraphobia（広場恐怖症），hydrophobia（狂犬病，恐水病），xenophobia（外国人嫌い）など］。前置きが長くなったが，ガイナフォビア（gynephobia）という言葉を紹介するためである。夫婦が butt になっているときは，多くの場合，その背後にガイナフォビアがある。この語の成り立ちは〈gyne（女性）＋phobia（恐れ）〉で，辞書には「女性恐怖［嫌悪］」の訳が当てられている。この連結形（gyne-）が語頭に置かれる語に gynecology「婦人科（医学）」がある。偶然のことに，「婦人科」を入力するときに，一つとなりのキーを押し間違えてしまったらしい。変換したら「愚人科」と出てきた。ワープロも味なことをやってくれるものだ。

　身を小さくしているのが男ばかりでは，世の中，不公平である。

69　I always feel safe when there's a man around the house.
　　　Well, you should at your age.

　around「... の近くに，あたりに」 should ～「（感じる）べきだ」ではなく，「当然（感じる）はずだ」と解する。safe の意味が問題。この女性はもう若くはないことが示唆されている。昨今では，家の周りに男がいると，女性ならずとも unsafe（不安）に感じる。

70　How did you get that black eye, Mrs. Higgins?
　　　Well, my 'usband came out of jail on 'is birthday.
　　　Yes?
　　　And I wisht him many 'appy returns.

　black eyes「殴られてあざのできた目」黒い目の意味もある。'usband ＝ husband.　jail「刑務所」　'is ＝ his.　Yes?「それで？」wisht ＝ wished.　'appy ＝ happy.　cf. We wish you many happy returns. (= Many happy returns (of the day)!) [誕生日などを祝うときの定型表現]（このめでたい日々が幾久しく繰り返されますように）奥さんのことばは「あんた，何度でもムショ入りしてね」と言っているようなもの。

　上記のような語頭の音の脱落（husband → 'usband）を語頭音消失［脱落］（aphaeresis）という。これに関連して〈drop one's aitches〉「語頭の h 音を発音しない」という成句がある。*h*umor, *h*onest, *h*onor などはその一例だ。「語頭の h」の脱落はロンドンなまりの特徴で，これを茶化したジョークを comictionary（笑辞典）から拾ってみる。['comictionary' は〈*comic* + dic*tionary*〉の混交によって作られた語で，brunch, fog, motel などと同じく，かばん語（portmanteau word）と呼ばれるものである]

71　Cockney — A Londoner who 'as the 'abit of dropping 'is haitches.

　Cockney = Londoner「ロンドン子」 who 'as the 'abit of dropping 'is haitches「h を発音しない習慣がある（ところの）」[h を必要なところで使わず，必要でないところで使ってふざけている：haitches → aitches = h's（h の複数）]

72　L — A cockney's idea of the nether world

　〈sb's idea of ...〉「（誰それの）考えている ...」 nether world「《文語》冥府」（この訳語はヒントになるか疑わしい。[諺] "Money makes the mare to go." に相当する日本の諺の中に，この語が使われている）。ヒント：hell → 'ell → L。

話し好き

73 The only chance I get to open my mouth around my wife is when I yawn.

　The only chance (that) I get to ～「僕が～できる唯一の機会は」 関係副詞の省略については，[80] を参照。around「... の近くに，そばで」 yawn「あくびをする」「口を開ける (open one's mouth)」は比喩的に「ものを言う，話す」の意味を持つ。あくびにはそれがない。

74 They say her husband's words are sharp and to the point.
Maybe that's the only way for him to get a word in edgeways, now and then.

　They say (that) ...「... という噂だ，言われている」(= It is said that ...) sharp「鋭い」 to the point「適切な，要領を得た」 the only way (for him to ～)†「(彼が～する) 唯一の方法」〈get a word in edgeways〉「(反対者や競争相手を制して) うまく会話に割り込む，横合いから話に口を出す」(= get in a word edgeways) 'in' はいずれの場合も副詞。edgeways [edgewise]「刃を先 [相手] にむけて；斜めに」は副詞 [この語の語尾の '-s' は，中古期英語で名詞の属格が副詞に用いられた，いわゆる副詞的属格と呼ばれるも

---

　† 〈for N to ～〉は三つの用法があり，N はいずれも〈to 不定詞〉の意味上の主語になっている：(1)「[名詞句として] N が～すること」；(2)「[形容詞句として] N が～するための」；(3)「[副詞句として] N が～するために」

のの名残で, always, sometimes, nowadays, besides, nights（夜に）等の副詞に見られる］。now and then「ときどき」 第1話者が刃物に関係のある言葉（sharp, point（剣先））を用いたので, 応答者は縁語の edgeways を使って応じている。

75 I'm a man of few words.
　　　I know — I'm married, too.

「僕は寡黙なんだ」—「わかってるさ。おれだって結婚してるから」 [74] に比べ, こちらのほうは絶望的である。以下で述べるような背景を理解していると, 2行目のような言葉が出てくる男の悲哀がいっそうよく分かる。

The last word

76 When a neighbor at the funeral asked a boy what his father's last words were, he replied: "He didn't have any. Mom was with him to the end."

男の子の父親の葬式に参列していた近所の人が, その子に父親の臨終の言葉についてたずねたところ,「父ちゃんは何も言えなかったの。母ちゃんが最期まで付き添っていたんだもん」というわけである。'The last word(s)' にはもちろん (a)「臨終の言葉［遺言］」の意味もあるが, (b)「相手に次のことばを言わせないような（議論に決着をつける）決定的なことば」という意味もある。cf. The book is the *last word* on cryogenics.（この本は低温学に関してはもっとも権威のある本だ）　なお, 最後の文は [65] 参照。

| 77 | My wife always has the last word.
You're lucky. Mine never gets to it.

Mine = my wife. 「とどめを指すのはいつも家内だ」―「そりゃいいほうだ。うちのなんぞ、とめどがない」(郡司利男氏訳：下線部は，後述する音位転換を利用した訳)。

| 78 | When a married man has the last word, it's usually "yes."

夫は承諾［肯定］してしまえば，たいていは長々とした反論を聞かせられないで済む。

| 79 | Any husband can have the last word ― provided he hangs up fast.

provided ...「《接続詞》もし...ならば，ただし...」 hang up「電話を（一方的に）切る」 具体的な方法の一つは，「今日は帰りが遅くなるから」と言うやいなや電話を切って，細君に二の句を継がせない。

| 80 | The only time a man has the last word with a woman is when he apologizes.

〈time + (that) 関係詞節〉の言い方では，関係副詞の that はしばしば省略される。関係詞が省略された形容詞節を，Jespersen は接触節 (contact clause) と呼んでいる。with ...「《対立・交渉》...と，...に（対して）」 apologize「わびる，あやまる」 女性の口を封じるためには，おれが悪かった，と言いさえすればよい，いや，

言わなければならないのだ。

　わびるのが夫のほうばかりだったら，男は割に合わないと考え『三省堂英語諺辞典』を調べてみた。索引に 'apologize', 'apology' といった語は一語も見当たらない。「ことわざに助けられた試しなし」というから別に驚かないが，念のためと思い，"Cruden's Complete Concordance To the Old and New Testaments" に助けを求めた。ここにも，ない。これは驚きだ。賢い歩み方を教えているはずの諺と聖書に，なぜ「あやまる」「(お)わび」という言葉がないのか。あれこれ考えているうちに思い当たった。Adam と Eve がエデンの園で罪を犯したとき，非を悔いて神に赦しを求めたという記録はない。謝罪の概念は二人にはなかったのだ。ないものを子どもに教えたり伝えたりすることはできない。人類は，謝るということを，最初の二親から学んでこなかったのだ。老若男女を問わず，自分の落ち度や過失をあやまることに，なんと抵抗を覚える者の多いことか。人類史のなかで，この謝るという概念を最初に発明(？)した人間，また最初に謝罪した人物は誰かについては不明だが，[80] のジョークから察して，男性であったことはまちがいない。

　最近では次のようなコンピュータも現れたそうである。

81　I've invented a computer that's almost human.
　　　How's that?
　　　When it makes a mistake it blames it on another computer.

How's that?「それはどうしてか」　blame A on B「A を B のせい[責任]にする」　間違いや誤りを犯したとき，(詫びるのを嫌

がって) 他人のせいにするところが人間並みなのだ。computer は ラテン語に起源を持ち,「一緒に考える人」が原義である。ひとりで勝手なことを考えるほど進化してきた。末恐ろしい。

　もう一度 [80] に戻る。このジョークの表現方法もいろいろな場面で応用が利く。たとえば,

82　The only time a man has the last word with a woman is when he takes wedding vows.

「男が女性に最後のことばを言える唯一の機会は,結婚の誓約のことばを述べるときだ」 これを最後に,女の支配権 (gynarchy) とおしゃべりに遮られて,男はものが言えなくなる。

　上に見たように,'last word jokes' はジョークの中で一つのジャンルを確立している。

げに恐ろしきは

　女性の話し好きのすさまじさと,男より優位に立ちたがる野心のほどには底知れぬものがある。

83　Nose — What a woman talks through if you shut her mouth.

comictionary における鼻の定義である。「鼻: 口を閉じさせられた女がそれを通して話すもの」 女が鼻声であるのは甘えているからだと思っていた男たちは,考えを改めなければならない。

84　What does the bride think when she walks into the

church?

Aisle, Altar, Hymn.

　2行目は教会にゆかりのある単語をつらねて，上手に仕上がっている。aisle「(座席列の間の)通路」同音により I'll としゃれる。altar「祭壇」同音異義語に alter (…を変える) があることを思い出すべき。hymn「賛美歌」him と同音。よって2行目は "I'll alter him."(彼を変えてみせるわ)となる。花嫁の密かな企みを毫(ごう)も疑わず，舞い上がっている男の，なんとおめでたいことか。

　こうして見てくると，[75]の短いことばの背後には，容易ならざる男の側の苦闘の歴史が偲ばれるし，[63]の後半部の意味が，「中には結婚しない賢い男もいるのだ」であることは，疑いの余地なく証明されたことになる。

　最後に，女性のうわさ好きとユーモアのセンスを出しにして，英語の語法・表現について一，二述べておきたい。

85　And they say the most terrible things about her — can any of them be true?

　　　I'm afraid not.

「彼女については本当にひどい噂がいくつもあるんですのよ — そのうち一つでも本当のはずがあるでしょうか」これに対する通常の常識的な応答は，'I hope not.' (= I hope they are not true.) あるいは 'I'm afraid yes.' (= I'm afraid they are true.) というものであろうが，'I'm afraid not.' としたところにジョークが成立した。「本当でないのは残念ですわ」というのはどういう意味か。噂が本当でないということは，もはや好きな噂話を続けられないというこ

とだ。尾ひれをつけることができなくて，残念なのである。蛇足だが，I hope／I'm afraid の後ろには，肯定節［否定節］全体を yes [not] 1語で代用させることができる。

86 Who said women haven't a keen sense of humor? The more you humor them the better they like it.

have a sense of humor「ユーモアを解する心がある」 keen「鋭い」 humor「《動詞》... の機嫌を取る，... を満足させる；うまく扱う」 a keen sense of humor「鋭いユーモアのセンス」が普通の意味だが，2度目に読み返すと，「機嫌をとられていることを敏感に感じるセンス」という意味にも取れるようである。後半部:「女の（調子にあわせて）機嫌をとればとるほど女はそれが気に入る」ここで確認しておきたいことは，比例比較級 (comparative of proportion) の〈The more ..., the more ...〉の the は定冠詞ではないということである。前者は関係副詞 (= to what extent)，後者は指示副詞 (= to that extent) である (*LDEL*)。

第 5 章　教師と学生

　教師と学生といっても，ジョークの世界ではある程度の intelligence が求められるので，大学の教師と学生ということになる。大学教授だけを扱ったジョーク集があるほどだから，辞書の '教授' の定義にもう一項付け加える必要がある。「教授：ジョークの中の超人気者で最も多く取り上げられ，愛され，馬鹿にされる痴識人」痴とは一つのことに夢中になることをいう。この章で小見出しをつけることはジョークの仕掛けをばらすことになるので，付けないでおくことにする。

87　Beggar: Have you got enough money for a cup of coffee?
　　　Stud.: Oh, I'll manage somehow, thank you.

have got は現在完了の意味ではなく，単なる have の意味。enough (...) for 〜「〜だけの(...)」　manage「なんとかやっていく」　somehow「なんらかの方法で」(= in some way not yet known)　学生が金欠であることはいずこの国も同じである。1 行

目:「コーヒー1杯分のお金をお持ちですか」。学生は,物乞いだと分かっていながら無心をはぐらかして逃げたのか,それとも相手の意図を汲むのに鈍感だったのか。Beggar のほうの疑問文は情報を求めているのではない。後述する語用論 [186] を参照。

88 They tell me your son in college is quite an author. Does he write for money?
Yes, in every letter.

〈quite a(n)＋名詞〉「大した…」 author「作家」 write は両義:「(a) 作品を書く／(b) 手紙を書く」 for は両義:「(a)「目的・追求」…を得るために／(b)「願望・期待」…を欲して,期待して」 author という言葉を出しておき,for money とくれば,どうしても解釈は (a) に流れていく。学生作家とはすごい,と読者に思わせておいて,3行目でストンと落とす。ジョークでも相撲の手のひとつ,'吊り落とし' を使う。息子は手紙を書いてよこすたびに金の無心をするのだから,大した物書きである。

89 What is your daughter working for at college — an M.A.?
No, an M-R-S.

What … for?「なにを目指して…?」 work「勉強する」 M.A.＝Master of Arts「(通例,人文科学・社会科学部門の) 文学修士号」 MRS＝Mrs.「(既婚の女性につける敬称)…夫人」 昔は女子学生にとって,大学とは将来有望な男子学生に見初められることをめざして励むところだった。今日,Miss／Mrs. に代わって Ms. [Ms] が未婚者・既婚者を問わず用いられるので,ジョークに

するには新しい工夫が必要だ。

90 Voice on Phone: John Smith is sick and can't attend classes today. He requested me to notify you.
Prof.: All right. Who is this speaking?
Voice: This is my roommate.

　授業をサボリたがる者の中にはうっかり者がいるのも学生の常。request (sb) to ～「(人に)～するように頼む」 notify「通知する」 this ［電話で］「そちら／こちら」［e.g. "Is this Ted?" ― "This is me [he] speaking." などと言う］化けの皮がはがれないためには，'This is *his* roommate.' と言うべきだった。語るに落ちる学生もいるので，教師たる者，上のような質問をして学生に恥をかかせるものではない。

91 Professor, I can't go to class today.
Why?
I don't feel well.
Where don't you feel well?
In class.

　feel well [bad]「体の調子がよい［悪い］」cf. feel good（気分がいい，楽しい） feel は「〈体の部分が〉...の感じがする」の意味だから，'Where don't you feel well?' は，常識的には，'I have a headache [stomachache, sore throat].' などという答えを期待するところだ。学生は教師の発した質問の where の持つ両義性（「どこで／どこが」）を利用し，教師の予想もしない punch line でけりをつけた。質問で執拗に食い下がろうとする教師にうっちゃりを食

わせた学生の勝ち。教師は深追いの質問をすると，自分が恥をかく。where の持つ両義性を示す以下のような例もある。

　（例）　Where did he catch her? ((a) どこで／(b) どこを)
　　　(a)　He caught her in the hotel.
　　　(b)　He caught her by the sleeve.

また，次の両義も参照：He was shot in the temple.（神殿で撃たれた／こめかみを撃たれた）

92　Prof.: You can't sleep in my class.
　　　Stud.: I could if you didn't talk so loud.

仕掛けは助動詞の意味にある。学生は教授が用いた can（「許可」）を自分の土俵に引きずり込み，自分に都合のよい意味（「可能」）で，しかも仮定法を使ってやんわりと切り返した。直説法で表せば 'As you talk so loud, I cannot sleep.' となるところだが，それではジョークにはならない。ところで，むかし，細江逸記という文法学者が「仮定法 ― 直説法」という用語に対応するものとして，「叙想法 ― 叙実法」という用語を用いていたが，後者のほうが実態をよく表しているように思われる。「法」(mood) というのは，発話内容に対する話し手のムード，つまり心的態度 (mood) を表すものだからである。

93　Stud.: But I don't think I deserve an absolute zero.
　　　Prof.: Neither do I, but it is the lowest mark that I am
　　　　　allowed to give.

英語では否定辞（negative）をなるべく早く出す傾向があるので，I think I don't deserve ... とは，間違いではないが，ふつう

は言わない。deserve「...（を受ける）に値する」 absolute「絶対の，全くの」 mark「評点，点数」 be allowed to ～「～することが許されている」教授の言い方は，この学生の成績はマイナス点が相当と思っていることを暗示している。学生はマイナスの点をつけられることは絶対にないので安心だ，学則を変えない限り。

94 Young man, are you the teacher of this class?
No, sir.
Then don't talk like an idiot!

　Young man「(呼びかけ) おい君（男の子を叱るときなどに用いる）」 idiot「白痴」 cf. Oh, don't be such an *idiot*!（おい，ばかなまねをしちゃいかんよ） 私語していた学生に，「うすのろのようにおしゃべりするな／話すな」と言う教師。うすのろとは誰か。教室で話している教師だ。idiot は idiom の姉妹語 (doublet) で，語源はギリシャ語 *idios* (one's own, peculiar: 独特の）である。その意味だが，「(a)（人と異なった）個人／(b)（字義どおりでない）独特の表現法」から，(a) は以下のように変化したことが見て取れる。「⇒一風変わった⇒気の狂った（人）」idiot の根源的な意味は'普通人'だったのだが...。

95 You missed my class yesterday, didn't you?
Not in the least, sir, not in the least.

　'miss' は厄介な動詞だ。英語辞典でその語の語感を養うことが助けになる。miss = (a) to fail to catch, find, see, hear, etc.（～しそこなう）／(b) to feel sorry or unhappy at the absence of (sb or sth)（（人・物）がないのを惜しむ，残念に思う）not in the least「ぜんぜん ... ない」教師のほうは，学生が授業に出そこなったこと（実はずる休み）について述べているのに対して，授業をすっぽかした学生のほうは，教師が発した言葉を「わしの授業に出られなくて残念に思っただろう」という意味にねじまげて，答えた。cf. Don't fail to *miss* tomorrow's program.（明日の番組を必ず見逃すように）[←"Don't fail to see tomorrow's program." と "Don't miss tomorrow's program." との混乱]

96 Give three collective nouns.

Flypaper, wastebasket and vacuum cleaner.

Give「... を挙げよ」 collective noun（集合名詞）とは，family, people, crowd, committee, etc. をいう。学生の答え：「ハエ取り紙，くずかご，掃除機」 collect（寄せ集める）から類推して出した答え。

97 The more we study, the more we know.

The more we know, the more we forget.

The more we forget, the less we know.

The less we know, the less we forget.

The less we forget, the more we know.

So why study?

比例比較級〈The 比較級, the 比較級（... すればするほど，それだけ ... だ）〉を用いた勉学回避のための理論武装，もしくは，呪文。4行目：「知っていることが少なければ，それだけ忘れることも少ない」 5, 6行目：「忘れるのが少なければ少ないほど，その分知っていることが多くなる [残る]。ではなぜ勉強する必要がある

のか」という論理。5行目の終わりから戻って2行目へつなげれば，いつまで行っても堂々めぐり。

98 Stud.: What would you advise me to read after graduating?
Prof.: The 'Help-Wanted' column.

　学生は would（仮定法）を用いて丁寧な表現を心がけている：「先生でしたら何を読むようにお勧めになりますか」 the help-wanted column「（新聞などの）求人欄」 cf. the help-wanted ads（求人広告），Help Wanted（《広告》お手伝いさん［従業員］求む）学生が質問している珍しい例。こういう簡単な質問をしてくれる学生だったら，教師は苦労しない。

　英語の教師でもあった夏目漱石は学生から質問されたとき，「それは私の給料外だよ」と言って取り合わなかったと伝えられている。英語教師が，答えられないような質問を受けても立ち往生しないためにはどうするか。

(1) 「あの偉い漱石先生が学生から質問されたとき，'それは私の給料外だよ' と言ったそうだ。どうして私に答えられるだろうか」と言って，煙に巻く。

(2) 「君に分からないことが私にどうして分かるだろうか。私が英語を勉強したのは，ん十年前なのに」とジョークで逃げる。

(3) 「それは○○先生の研究範囲なので，同先生に訊きなさい」（責任を他に嫁して，自分は好きな研究に没頭する。そうしているうちに，absent-minded professor に落ちぶれる），等々。

第6章　エリートも形無し

　アリストテレスは，笑いは他人を侮辱し見下すことから生じる快感が引き起こすものだ，と言ったそうだ。われわれ凡人にとっては，医者，弁護士，官僚，政治家など，高い立場にある者を，攻撃し，風刺し，見下すことができれば，自分の劣等感や日ごろの欲求不満による緊張を解放してやることができる。緊張が急激に解放されることは快であり，これが笑いを生じさせるのである。章題の elite は elect と縁語関係にあり，ラテン語からフランス語を経て英語に入ってきた。「選ばれた者」の意味である。elite はまた，intelligent（「多くのものから選び分ける力のある」が原義）とも語源的に関係がある。

99　Man: Hey, that wasn't the tooth I wanted pulled.
　　　Dentist: Calm yourself, I'm coming to it.

　hey「(注意喚起・当惑等を表す発声) ちょっと，おい」　1行目の文の構造を分析しよう。I wanted the tooth to be pulled. [to be を省略することによって] → I wanted the tooth pulled. （歯を

抜いてもらいたかった）左の文を利用して「私が抜いてもらいたかった歯」という文を作るとすると → the tooth which I wanted pulled［which は wanted の目的語になっているので省略できるから］→ the tooth I wanted pulled［＝原文］となる（[110]を参照）。2行目は「落ち着いて。今その歯にとりかかるところです」。歯医者が，腕が悪くて見当違いの歯を抜いてしまったのか，それとも治療費のかさ上げをねらったのかは，分からない。

100　New patient: I'm always forgetting things. What should I do?
　　　　Psychiatrist: Pay me in advance.

　psychiatrist「精神科医」〈be always 〜ing〉「〜してばかりいる」話者の側の非難，怒り，いらだちなどを表す進行形: e.g. He *is always* jok*ing*.（冗談ばかり言っている）　in advance「前もって」　物忘れのひどい患者に支払いを忘れられてはたまらない。psychiatrist は必ず医学博士の肩書きを持っていて，机を介して患者と向き合う医者。psychoanalyst（精神分析学者）は必ずしも学位を必要としない。自ら精神分析を受け，その理論も研究した人。psychologist（心理学者）は，普通，博士号（Ph.D.）を持っており，前二者とは異なり，結婚相談，実験，調査，コンサルタント，教育などの活動を行うが，医学者ではない。(『英語雑学事典』研究社)
　フロイト（Freud, Sigmund, 1856-1939）は，精神分析療法を始めるに当たっては，治療効果を上げるため，治療契約に従うことを患者に求めたそうだ。例えば，毎週何曜日の何時に，1回何十分で，料金はいくら，面接のやり方等々を，あらかじめ二人の間でルールを取り決めたという。以上はジョークではなく，まじめな話である。

では，次に登場する男は，上記三者のうちどれを指しているだろうか。

101　A man who, when a good-looking girl enters the room and everybody looks at her, looks at everybody.

「器量のよい娘が部屋に入ってきて皆がその娘を見たとき，みんな（の反応）を見る男」

102　My uncle had an accident with his car. It was a terrible accident but he had a good doctor. The doctor told him he would have him walking in a month.
　　　And did he?
　　　Yes. When the doctor sent his bill, my uncle had to sell his car.

with「関わり」を表す前置詞。cf. She had a near [narrow] shave *with* a car.（もう少しで車にはねられるところだった）〈have (sb, sth) 〜ing〉「(人・物) に〜させる」e.g. We can *have* this coin float*ing* on the water.（この硬貨を水に浮かせることができる）　in a month「1か月のうちに」　bill「請求書」　医療費が高いのは周知の事実。車がなければ歩くしかない。医者は約束どおり叔父さんを歩けるようにしてやった。

103　A little bird told me what kind of lawyer your uncle is.
　　　What did he say?
　　　Cheep! Cheep!
　　　Oh, yeh. Well, a duck just told me what kind of a doc-

tor your pa is.

　3行目は異綴同音異義語 (homophones)，すなわち，cheep (〈ひな鳥の鳴き声〉ピーピー) — cheap (《米略式》ひどい，取るに足りない) を用いたしゃれ。Oh, yeh [jeː] (= yeah [jei])「へえ，そうかい」 'what kind of (a) doctor' 医者の専門分野ではなく，「(腕が)どの程度の医者」かについて述べている。不定冠詞 'a' [単独で用いられるときは [ei] と発音する] のないほうが標準語法で，あるほうが《非標準》である。pa「《米・略・古》とうちゃん」duck の鳴き声は quack であり，quack には「やぶ医者」という意味がある。相手が鳥の鳴き声 (と同音の，侮辱的な意味をもつ語) を使ってからかってきたので，こちらも duck が君のパパのことを 'quack, quack' (やぶ医者，やぶ医者) と言っていたよと，相手に鳴き声を連想させてしっぺ返しをしたわけである。

　duck の鳴き声が出たついでに，ここで他の鳥や動物たちの鳴き [吠え] 声に使われる動詞について一瞥しよう。脳の他の部位を刺激する効果を狙ってのことである。

　すべての動詞は，また「○○の鳴き [吠え] 声」として，名詞としても使われる。これらの多くは，実際の音をまねて言葉とした擬音語 (onomatopoeia) であるが，虫の鳴き声を雑音としてしか捉えることができない英米人の耳に，以下の鳥や動物の鳴き [吠え] 声がいかに聞こえているのか，日本語の場合と比較してみると興味深い。

　　　Birds sing [chirp, twitter]. / Bulls bellow. / Calves bleat. / Cats mew [purr]. / Chickens peep. / Crows caw. / Cocks crow. / Cows moo [low]. / Dogs bark [growl]. / Doves coo. / Ducks quack. / Foxes yelp. / Elephants trumpet. / Frogs croak. / Goats baa [bleat]. / Hens cackle [cluck]. / Horses neigh. / Lions roar. / Monkeys gibber. / Oxens low [bellow]. / Peacocks gobble. / Pigs grunt [squeal]. / Puppies yelp. / Rats squeak [squeal]. / Sheep baa [bleat]. / Skylarks warble. / Wolves howl., etc.

熊 (bear) が抜けたので補足しておく。'Bore-born' だ。(本当は grunt *or* growl.)

104 (Two lawyers were talking about business.)
How are you making out?
Lousy. Business is so bad. I followed an ambulance for twenty miles and when it got to the hospital I found a lawyer already in it.

make out「(うまく) やっていく」 lousy = very bad. ambulance「救急車」 get to ...「... に到着する」 弁護士過剰のアメリカにおける, client 獲得のための熾烈な戦いが垣間見える。先を越して救急車に乗り込んでいた弁護士も, その後を追いかけた弁護士も, もちろん, 搬送されていく負傷者に損害賠償請求訴訟をけしかけるためであった。

105 I hear your husband tried to get a government job. What's he doing now?
Nothing.
Oh, didn't he get the job.
Yes, he did.

try to 〜「〜しようと（努力）する」 4行目の否定疑問に対する5行目の答え方に注意しよう。e.g. Didn't you swim? — Yes, I did.（いいえ，泳ぎました）／No, I didn't.（はい，泳ぎませんでした）なまけず，急がず，仕事せず，というのが，古き良き時代の公務員の姿だった，そうな。公務員またはその家族にきまり悪い思いをさせないよう，仕事の内容を尋ねてはならない，という教訓である。

106 Prof.: I forgot to take my umbrella this morning.
Wife: When did you miss it?
Prof.: When I reached up to close it after the rain had stopped.

ジョークの世界では absent-minded professor（ウッカリ教授）がひんぱんに登場する。miss「... がないのに気づく」（[95] 参照） reach up「手を上に伸ばす」 傘を持たないで家を出た教授は，雨の間じゅう傘をさした姿勢で，降りやむまで歩いていた。雨がやんだので，持っていない傘を閉じようとして手を上に伸ばしたとき，ハッと気づいたのである。

107 Prof.: Gentlemen, I am dismissing you ten minutes early today. Please go out quietly so as not to wake the other classes.

dismiss「... を解散させる，退出を許す」 so as not to 〜「〜しないように」 呼びかけ方から男子学生だけの教室であることが分かる。こに登場するウッカリ教授は見上げたものである。ちゃんと授業をやったのだから。研究に没頭していると，授業のことなど完

第6章 エリートも形無し　69

全に失念してしまい，学生が帰ったころに，がら空きの教室にノコノコ顔を出す教師も多いのである。授業中，学生が居眠りをしていても，そんなことは意に介さない。このジョークのように授業で時間があまったら，頭をひねるようなジョークを板書して考えさせることを勧めたい。

　うっかりしているのは大学の狂師 [sic] ばかりではない。世の中は広いのだ。

108　Servant: The doctor's here, sir.
　　　　　Absent-minded man: I can't see him; tell him I'm ill.

「具合が悪いので診てもらえないと言ってくれ」　こういう手合いがいるから，往診してくれる医者が少なくなるのだ。

109　Dentist: What's your business?
　　　　　Patient: I'm a gag writer.
　　　　　Dentist: Well, I'll try and live up to your idea of my profession.

　patient「患者」　gag writer「ギャグ作家」　〈try and ～〉「～しようと（努力）する」e.g. We must *try and open* more careers to women.（女性にもっと就業の道を開くように努力しなければならない）　〈live up to ...〉「... に恥じない行動をする，（評判など）に背かない」e.g. We must *live up to* our social ethics.（社会道徳にはずれないように行動しなければならない）　〈sb's idea of N〉「(誰それ) の考えている N」　profession「職業」

　「歯科医である私の仕事とは『患者の歯を抜いたり削ったりして，患者が痛がるのを楽しむサディストの就く仕事だ』とあなたは思っ

ているのでしょう。そのお考えにできるだけ沿うようにやってみます」 歯科医はギャグ・ライターから散々ジョークのネタにされてきた。今こそ，日ごろの恨みを晴らす絶好の機会だ，と思っているのである。

　医学が目覚しい進歩をとげ，虫歯の原因となる細菌が突き止められているのに，それを予防する方法も駆除する方法も確立されていない。歯科医は復讐を考える前に，そうした問題の解決に奮起すべきだろう。

　歯痛に耐えた哲学者はいないそうだ。歯痛に対する凡人の思いには特別なものがある。だから，次のようなジョークが生まれる。

110 What are you saving that tooth you had pulled for? A paper weight?

No.

A door stop?

No. I'm going to take it home, play some sad music, draw up an easy chair, put it on the table and laugh and laugh.

Why?

I'm going to sprinkle some sugar on it and watch it ache.

　What … for? = Why …? だが，「何の使用目的で」が意味的に近い。save「とっておく」 that tooth [which] you had pulled と補って考える。had pulled は過去完了ではなく，経験受動態と呼ばれる〈have + O + 〜en〉構文の O が前方へ移動された結果残ったものである。e.g. This ring is all I *have left*. （私に残されたのは

この指輪だけだ）　この表現の生成を見よう：You had that tooth pulled.（その歯を抜いてもらった）から，that tooth を文頭に移動 ⇒ that tooth you had ［△］ pulled（この［△］が関係代名詞 which として先行詞の後ろに移動）⇒ that tooth [which] you had pulled（which は had の目的語——したがって，目的格——なので省略できる）⇒ that tooth you had pulled（君が抜いてもらった歯）［＝原文］。paper weight「文鎮」　door stop「戸当たり（ゴムで覆った小突起物など，戸が壁などに直接当たるのを防ぐ）」 watch は〈知覚動詞＋O＋〜〉の型をとる。5〜7行目：「その歯を家へ持ち帰って，何か悲しい音楽をかけ，安楽椅子を引き寄せ（て座り），そいつをテーブルの上に置いて，思いっきり笑ってやるつもりだ」9行目：「そいつに砂糖をふりかけて，そいつが痛がるのを見物してやるのさ」

　歯茎から離れた歯は死んだ歯だ。そのために葬送曲を流す。砂糖をふりかけても，死んだ歯が痛がるはずはない。そんなことはどうでもよい。今こそ復讐のときだ。よくも今までおれを痛い目にあわせてくれた。今度はお前の番だ。ウッヒッヒッヒッヒ…

　歯科医は，人気があるので，謎々にも登場する。

111　How do we know that a dentist is unhappy in his work? Because he looks down in the mouth.

　「歯医者は仕事中なぜ落ちこんでいるのか」—「〈字義読み〉口の中を見下ろすから／〈慣用読み〉がっかりしているから」 look down in the mouth ＝ be dejected「気落ちしている」　今まで，歯医者は自分の仕事を楽しんでいて happy だ，とばかり思っていたのだが…。

112 Did you hear about the politician who promised that, if he was elected, he'd make certain that everybody would get an above average income?

「もし自分が当選したら，必ずすべての人が平均以上の収入を得るようにする，と約束した政治家のことを聞いたか」'すべての人が'ではなく，'われわれが／あなた方が'とすれば，矛盾は消える。辞書の中には，politician の定義として，'政治屋'というふうに引用符で括ってあるものがある。これは読者に，政治家ではなく，'<u>いわゆる政治屋</u>'と読ませるための工夫なのである。コンマや引用符は，形は小さいが，看過すべからざる機能を備えている。『ランダム英語辞典』の注記:「statesman が「先見の明があり，無私の心で国政に当たる人」という含みがあるのに対し，*politician* はしばしば「私利や党利を追求する人」という否定的含みを持って使われる」 うっかりしていた。裁判官を見過ごすところであった。

113 "Was it you or your younger brother who was killed in the accident?"

「事故で死んだのはあなたですか，それとも弟さんですか？」

114 "How far apart were the vehicles at the time of the collision?"

「衝突したとき，車両はお互いにどれだけ離れていましたか？」

115 "You were there until the time you left, is that true?"

「あなたはその場を去るまでそこにいた，間違いありませんね？」

第7章　他人のことなら（エスニック・ジョーク）

　ある民族・人種を butt にしたジョークのことを ethnic jokes という。この種のジョークは国民性をよく表しているのが特徴であり，人気の点では愛蘭人と蘇格蘭人が双璧をなす。漢字で表記したのは，カナ書きにするとどの国民かがすぐに特定され，その国民の不都合な面が白日のもとに曝されて恥ずかしい思いをする，ということのないようにするための配慮である。しかし，どの国民のことかは，隠し通せるものではない。残念ながら，最初のジョークからばれてしまうことになる。本章ではもちろん，数は少ないが，英・米・独・仏・印・中・日の各国民が登場する。

116　What's the idea, Pete, wearing your socks wrong side out?
　　　There's a hole in the other side.

　Pete (＜Peter) [piːt] 人名で呼びかけたもの。wrong side out (＝inside out)「裏返しに」〈What's the idea (of) wearing ...?〉(a) of を用いた場合：wearing は動名詞であり，of は同格を表す。

(b) of を用いない場合：wearing は現在分詞［分詞構文］である。日本語訳で強いてその感じを出せば次のとおり。(a)「ピート，靴下を裏返しに履いているのはどういうつもりなんだ？」(b)「ピート，どういうつもりなんだ，靴下を裏返しに履いていて」定冠詞のついた 'the other' は「(二つのうちの) 残ったほう」に言及するときに用いる。

以下，読み進むうちに分かってくることだが，靴下に穴が開いているのを見て無意識に裏返しに履くのがアイルランド流，捨てるのがもったいないので裏返しに履くのがスコットランド流。

117 Are you sure the tickets are all right?
Sure, they are. Didn't I put them in the safe just before we started?

safe（金庫）に入れたからといって all right（大丈夫）にはならないという例。Are you sure (that) ...?「... なのは確かか？」Sure「［返答として］もちろん，そのとおり」 Didn't I ...?「... したでしょう？」 映画・芝居・コンサートなどのチケットであればよいのだが，飛行機のチケットだったとしたら！（ぼくは知らないよ）

上の二つの例は Irish bull（一見もっともらしいが滑稽な矛盾のあるばか話）といい，ジョーク集には欠かせないものである。（例）It was hereditary in his family to have no children.（彼の家には代々子どもがなかった）

いくつか例を挙げよう。

118 Dear, you've got a special delivery letter at home marked: Private and personal. What did it say?

第7章　他人のことなら（エスニック・ジョーク）

Dear は，家族に対する愛情をこめた，男女両用の呼びかけの言葉。a special delivery letter「速達郵便」 'marked: Private and personal'「親展の印がつけられた，親展と記した」letter を修飾する。private, personal はともに「親展」の意味がある。What did it say?「(手紙に)何て書いてあったの？」バカなやつだ，と思わないでほしい。「親展」と書いてあればなおさら知りたくなるのが人情というものだ。

119　An old Irishwoman sent a parcel to her son, in which she enclosed the following note:
　　"Pat, I am sending your waistcoat; to save weight I have cut all the buttons off. Your loving mother.
　　P.S. — You will find them in the top pocket."

Irishwoman「アイルランド人の女性」 parcel「小包」 enclose「同封する」 waistcoat「《英》チョッキ，《米》ベスト (vest)」 to save weight「重量をへらすために」 cut ... off「...を切り離す」 Your loving mother「(手紙の結び)おまえを愛する母より」 P.S.「(手紙の)追伸，二伸 (postscript の略)」 them = the buttons. top pocket (胸ポケットのことか)

120　"My lord," said the foreman of an Irish jury seriously, as he gave the verdict, "we find that the man who stole the mare is not guilty."

My lord「裁判長（呼びかけ）」 foreman「陪審長」 jury「《集合的》陪審員団」個人の陪審員は juror という。seriously「まじめに，厳粛に」 as「ながら」 verdict「(jury が下す)評決」 find「(...

であると)評決する」 steal — stole — stolen (盗む)　mare「雌馬[ロバ]」　guilty「有罪の (having done sth illegal (*OALD*) (《反》innocent)」　the man who stole the mare is not guilty (雌馬を盗んだ男は有罪ではない) は，文の組み立て (文法) の上からは何の問題もないが，意味上つじつまが合っていない。

121　Paddy: Give me a return ticket, please.
　　　Ticket clerk: Where to?
　　　Paddy: Back here of course.

Paddy はもちろん田んぼのことではない。「《侮蔑》アイルランド人 (あだ名)」のことである。ticket clerk「出札係」駅の窓口で客の求めに応じて乗車券などを売る人。(自動券売機 (a ticket vending machine) が普及した大都会では死語になっているので，地方の人間には不要と思われる余分の注釈を付けなければならない—著者のひとり言)。return ticket「往復切符」「行き先は？」—「ここだよ」　それじゃ，切符は要らないではないか。

122　Would you sooner lose your life or money?
　　　Why, my life, of course. I'll need money for my old
　　　　age.

1行目 = Which would you rather lose, your life or money? would sooner ～「喜んで [むしろ] ～したい」e.g I *would sooner* make my name than inherit it. (名を継ぐよりはむしろ自分で名を上げたいと思う)　Why「《間投詞》(質問が簡単なことに対する抗議の気持ち) そりゃあ，なーんだ」　for ...「[準備] ... に備えて」1行目が強盗の脅しのことばで，2行目のような言葉が返ってきた

ら，強盗はどう反応するだろうか。
　このジョークは単語を入れ替えるだけで，多くの variations を作ることができる。

  e.g. Would you sooner lose your life or jokes?
     Why, my life, of course. I'll need jokes for my pas-
     time.

気晴らしのためにジョークが必要といっても，命がなくてはできないことなのだが…。

  cf. [諺] Some will lose rather their best friend than their worst joke.（他人を茶化したり冗談やしゃれを言ったりすることが好きで，そのため友人と仲違いすることをも辞さない連中がいる，という意味）

123　An Irishman was driving along the motorway when he heard an announcement on his radio:
　"Warning: a crazy man is driving his car the wrong way down the motorway."
　"One man?" said Paddy. "Everyone's doing it."

〈was driving ... when〉「... していた，（と）そのとき」　過去進行形のあとにくる when の感じを捉えたい。ready にも同様な用法がある。I *was* just *ready* to go *when* he knocked on the door.（ちょうど出かけようとしていたときに彼がドアをノックした）Warning「警告（します）」　crazy「頭がおかしい，気が狂った」　(in) the wrong way「逆方向に」　人間の常識・判断基準というものはあやしいが，それでも「本来」から外れているのが wrong の意味。down（≒along）は中心となるもの，あるいは話者から遠ざ

かる感じ。motorway「高速道路」

　上の数例で Irish bulls を見てきたが，Irish bull の何たるかが容易に理解できる日本語の例がある。「追伸: この手紙不着の場合はすぐにご連絡ください」

|124|　Then there's the Scotchman who went on his honeymoon alone.

　この種のばか話は次から次へと出てくるので，Then（さらにまた）となるわけである。Scotch(wo)man はやや軽蔑的な語なので，Scots(wo)man の使用が望ましい。また，国民全体を表すには the Scots／the Scottish を用いる。

|125|　Then there's the Scotchman who married the half-witted girl because she was 50 per cent off.

　half-witted「まぬけな」（cf. quick-[slow-]witted「頭の鋭い［にぶい］」）　per cent = percent（cent「（単位としての）100」）　50 per cent off「半分いかれていて／50 パーセント引きで」　off が両義:「(a) まともでない，いかれている／(b) 割り引いて」［参考: Scotch という音には軽蔑的なひびきや商業的な感じがあるとする人がいる。産物は Scotch tweeds のように言い，学術的には Scottish book [custom, history] のように言う］

　[124], [125] は，joke の飛ばし屋と聞き手［読み手］の間に，ある暗黙の了解があって成り立つ joke である。Scotch には「《侮蔑》しみったれの，けちな」という意味がある。[124] では，花嫁を新婚旅行に同伴すればそれだけ余分に費用がかかるから，そして [125] では，相手の娘さんが half-witted（半分いかれている = half

off), すなわち 50 パーセント割引だったから、というわけである。ここまでくれば、次のジョークもあっさり理解できるはずだ。

126 Scotchman — One who wears kilts because they haven't any pocket.

One who ...「(*who*- 関係詞節で説明されている) 人」 kilt「キルト」(スコットランド高地人が着用する縦襞の短いスカート；巻きつけて着用する) they = kilts. キルトにポケットを付けるとなると、それだけ余分の布が必要なわけである。

127 My son writes that he's in a tight place.
What's the trouble?
He's a waiter in Edinburgh.

in a tight place「動きがとれない立場〔状況〕で」 What's the trouble? = What's the matter? エディンバラがスコットランドの首都であることを知らなければ、このジョークは理解できない。客からのチップが収入の大半を占める waiter にとって、けちな客の多いエディンバラで暮らすのはたいへんだ。状況が厳しいことを、父親に手紙で知らせたのだろう。フェミニストであれば waitress はどうなのだろうと心配になるところだ。

128 Do you Scotchmen mind all the stories that are told about you?
Of course we do.
Why?
Because they are told at our expense.

you Scotchmen「あなたがたスコットランド人は」 mind「[通例否定・疑問文で]... をいやだと思っている」 at our expense は両義:「(a) 自分たちの費用で（とにかく，金のかかることはいやなのだ）／(b) 自分たちの犠牲において＝バカにされて」の両義読み。

129 Seeing two Scotsmen bathing on the beach, a wealthy Englishman offered five pounds to the one who could stay longest under water. They are still searching for the bodies.

Seeing (sb) ～ing「（人）が～するのを見て」 分詞構文であるが，この構文は，本来，〈条件・時・理由・譲歩・付帯状況・結果〉などの意味を持たない無色のものである。「... して，もし，とき，ので，としても，ながら，そして」などの訳語は，（文脈に合うように）あとから付いてくるものなのである。bathe「水泳［水浴を］する」 wealthy「裕福な」 offer ...「... の提供を申し出る」 pound「（英国・英連邦の通貨単位）ポンド」 the one who ...「... する人」 under water「水中に」 they「当局」 search for ...「... を求めて捜す」 bodies「死体」

130 Three Scotchmen were in church. They became very nervous as the collection plate neared them, when one of them fainted and the other two carried him out.

nervous「びくびく［いらいら，そわそわ］して」 as ...「《接続詞》... につれて」 collection plate「（説教中に信者の列に一とおりまわされる）献金皿」 near「近づく」 when「《関係副詞》すると，とそのとき」いわゆる関係副詞の継続的用法である。faint「失神す

第7章 他人のことなら（エスニック・ジョーク）

る」 本当に失神したのではなく，演技だった。ほかにもスコットランド人がおれば，「様子を見てきます」といって，外へ出ればよいのである。

　これほど書きたてられたら，いかにつつましい，いや，つましいスコットランド人だって，黙って引き下がっているわけにはいかない。

131 "If you print any more jokes about Scotsmen I shall cease borrowing your paper," writes a man from Aberdeen.

　新聞社へ投書してきた人間は，本人がスコットランド人だから，Scotchmen［軽蔑的］ではなく，Scotsmen という語を用いている。print「活字にする（＝載せる）」 'I shall cease borrowing your paper.' は本来ならば，といっても普通の人だったら，という意味だが，'I shall cease taking your paper.' という言い方をするだろう［take「（新聞などを）（定期的に）購読する」という意味］。この joker は動詞ひとつで茶化してみせた。cease ＝ stop.　Aberdeen「アバディーン（スコットランド北東部の都市）」

132 How many Japanese does it take to change a light bulb? Three: one to change the light bulb, one to hold his camera, and one to take a picture of him doing it.

　〈It takes (...) to ～〉「～するのに（時間・労力・勇気など）を必要とする」 light bulb「白熱電球」 'him doing it' の him は doing［動名詞］の意味上の主語。「電球を取り替えるのに一人，そいつのカメラを持ってやるのに一人，彼がそうしているところをカ

メラに収めるのに一人」日本人にカメラは付き物だ。上例のように「苦労を共にする男の仲間や同志」のことを 'comrade' という。この語は camera と同じ語源から来ている。

　上のようなジョークは，さまざまな国民性，職業，階層につきまとう固定観念を，皮肉や風刺をこめて面白おかしく表現したもので，'light bulb jokes' として一つのジャンルを形成している。

　　（例１）　How many aerobics instructors does it take to change a light bulb?
　　　　　　Five. Four to do it in perfect synchrony and one to stand there going "To the left, and to the left, and to the left, and to the left, and take it out, and put it down, and pick it up, and put it in, and to the right, and to the right, and to the right, and to the right …"

「電球を取り換えるのにエアロビクスのインストラクターは何人必要か？」―「5人。一糸乱れず電球の取り替えを行うのに4人，立ったまま『左へ，左へ，左へ，左へ，取り出して，下に置いて，手にとって，差し込んで，はい右，はい右，はい右，はい右…』と言いつづけるのに1人」　aerobics「《複数扱い》エアロビクス（また aerobic exercises）」

　　（例２）　How many bureaucrats does it take to screw in a light bulb?
　　　　　　None, they contract out for things like that.

bureaucrat「官僚」　screw in「ねじ込む」　contract out「下請けに出す，外注する」　3行目：「一人も必要なし。そのような事柄は

第7章　他人のことなら（エスニック・ジョーク）

外注に出す」

133　A middle-aged woman lost her balance and fell out of a window into a garbage can. Chinaman passing remarked: "Americans velly wasteful. That woman good for ten years yet."

middle-aged「中年の，初老の（およそ 45-65 歳またはその前後）」 garbage can「金属製の生ごみ入れ」 Chinaman「《侮蔑》中国人（＝Chinese）」 無冠詞はジョークではよくあること。passing「通りかかった」現在分詞で Chinaman を修飾。remark「（所見として）言う」 velly＝very［中国訛り］「アメリカ人，人を捨てる，大変もったいない。あの女，まだ 10 年もつ」

134　A missionary in India was having an earnest talk with a Hindu whom he hoped to convert to Christianity. "Come, now," said the missionary, "wouldn't you like to go to Heaven when you die?"

　　The Hindu shook his head in polite regret. "I do not think," he said, "that Heaven can be very good, or the British would have grabbed it years ago."

missionary「宣教師」 earnest「熱心な」 Hindu「ヒンドゥー教徒，一般にインド人」 convert (sb) to ...「（人を）（宗教）に改宗させる」 Come, now「（人を誘い促して）さあさあ」 in polite regret「丁寧に断って」 in ...「「形状」... の形で，として」e.g. say *in* fun（冗談として言う）　regret(s)「（招待に対する丁寧な）断り」cf. *with* regret(s)（残念に思って）　'I do *not* think ... that

Heaven *can* be very good.'「天国はそれほど良いところのはずはないと思う」← I think that Heaven *cannot* be very good.　or = otherwise（さもなければ）= if Heaven were good と考えれば，後続文が仮定法になっている理由がわかる。the British「英国人〔国民〕」　grab「強引に手に入れる」　years ago「何年も前に，とっくの昔に」　七つの海を支配し，日の没するところのなかった大英帝国が世界中からかっさらっていった，いや，収集した古今東西の彫刻，絵画，織物，陶器などの美術品は，British Museum（大英博物館）に陳列されている。また，同館内にある図書館の蔵書数は世界随一を誇る。インドにキリスト教が根付かないのは，上のインド人が語った一言が全インド人の心に根付いているからだ。

135　A German farmer was in search of a horse.

　　"I've got just the horse for you," said the liveryman. "He's five years old, sound as a dollar and goes ten miles without stopping."

　　"Not for me," he said, "not for me. I live eight miles from town, und mit dot horse I haf to valk back two miles."

in search of ...「... を探して」　I've got = I have got = I have. just「《副詞》まさに，ぴったり」　for ...（2, 5 行）「「適否」... にふさわしい，必要にかなう」　liveryman「貸し馬車屋」　(as) sound as a dollar「《米》至極元気で」　und mit dot horse〔独語〕= and with that horse「そんな馬と一緒では」　I haf to valk = I have to walk.　最後は小学一年生の算数問題（自分の家の所で止まらずに，さらに2マイル先まで行くということ）。融通のきかないドイツ人

第7章 他人のことなら(エスニック・ジョーク)

の律儀さは 'goes ten miles without stopping' を文字どおりに受けとったところに表れている。

136 A Frenchman was relating his experience in studying the English language. He said: "When I first discovered that if I was quick, I was fast; that if I was tied, I was fast; if I spent too freely, I was fast; and that not to eat was to fast, I was discouraged. But when I came across the sentence, 'The first one won one-dollar prize' I gave up trying."

relate「物語る」 次の斜体字部の語法に注意: He has many years' *experience in* sell*ing* automobiles. (長年自動車販売してきた経験がある) 1〜5行目は, When I first discovered …, I was discouraged. (…にはじめて気がついたとき, やる気をなくした) という組み立てになっている。discovered の目的節 (that 節) は四つある。3番目の that は省略されている。その各々の節の中で用いられている 'fast' の意味は順に, '素早い', 'しっかり結ばれた [固定された]', '放埒な', '絶食する' である。「もし私が quick だと私は fast ということになり, もし tie されると fast ということになり…」という調子でつづいていく。freely「気前よく」 not to eat「食べないこと」 discourage「やる気をなくさせる」 come across …「…に出くわす」 the sentence, 'The first one won one-dollar prize'「'最初の者が1ドルの賞金を獲得した' という文章 [sentence と 'The first one won one-dollar prize' とは同格関係]」 give up「あきらめる, やめる」 フランス人は, 自分たちが世界一美しい言語を持つ世界一知的な国民だ, と自負しており, くそ真面目を冷笑する性向がある。意味を様々に変える fast,

発音は同じでも異なった意味の one［代名詞］／won［動詞］／one［形容詞］の同音異義語 (homonyms) など、バカバカしくってやってられますか。

先に厚遇したはずだと思っていた例の両国民が、まだ足りないとばかり顔を出してきた。暫らくつきあってほしい。

137 An Irishman was painting a house and working with great rapidity. Some one asked him why he was in such a rush. "I'm trying to get through," the Irishman replied, "before the paint gives out."

with great rapidity (= very rapidly)「急いで，迅速に」 in a rush「急いで，あわてて」 get through「(仕事などを) 終える」 give out「(物資・力などが) 尽きる」「ペンキがなくならないうちに塗り上げようとしてるんですよ」

138 The concert hall was crowded. The Irish attendant, unable to find a seat for the pretty young miss, explained the situation to her in the following words:

"Ideed, miss, I should like to give you a seat, but the empty ones are all full."

attendant「(劇場などの) 案内係 (usher)」 (being) unable to find ...「... を見つけることができなくて」分詞構文。〈explain (sth) to (sb)〉「(物・事) を (人) に説明する」 miss「お嬢さん」 indeed「本当に」 the empty ones (= seats) are all full「空席はみなふさがっていまして」 all は the empty ones と同格。

第7章 他人のことなら（エスニック・ジョーク）

139 An Irishman got a job at an observatory. During his first night's duty he paused to watch a learned professor who was peering through a large telescope. Just then a star fell. "Man alive!" exclaimed the astonished Irishman. "You are a fine shot."

このアイルランド人の本来の仕事は星を観察（watch）することなのに，人間を観察したからおかしなことになった話。observatory「観測所，天文台」 his first night's duty「最初の夜の任務（星の観測のこと）」 paused to watch ...「仕事の手を休めて ... を見守った」 learned「学識のある，学究的な」 peer「（見えないものを見ようとして）じっと見る」 'a star fell' 星がおちたとは，読者に 'a falling [shooting] star'（流れ星）をイメージさせておいて，最後の落ちを効かせる御膳だて。Man alive!「《口》（驚き・いらだちなどを表して）おやまあ，これはしたり（物事の意外なのに驚いて発する語）」 shot「射撃手」 教授が望遠鏡をのぞいていたのは，照準を合わせて狙っていたのだ，とアイルランド人は思った。この次，流れ星をみる機会があったら，あれはアイルランドの天文台から撃ち落したのだと，はるかな国に想いを馳せることにしよう。

140 Among the conditions of sale by an Irish auctioneer was the following: "The highest bidder to be the purchaser, unless some gentleman bids more."

「アイルランド人せり売り人による競売条件の一つに次のものがあった。最高値をつける者を買い手とすべきである，誰かある者がそれ以上の値をつけるのでないかぎり」 The highest bidder (is) to be the purchaser と補って読む。bidder「せり手，入札者」 is to be = should be.　purchaser「買い手」　bid「値をつける」

141　An Irishman was being tried for intoxication.
　　"Pat, where did you buy the liquor?" asked the judge.
　　"Your Honor, I did not buy it. A Scotchman gave it to me."
　　"Thirty days for perjury."

　be tried for「…のかど［容疑］で裁判を受ける」 was being tried は過去進行形受動態。intoxication「酩酊」 liquor「《英》アルコール飲料，《米》強い酒」 Your Honor「裁判長(呼びかけ)」 honor「(His, Her, Your の後につけて) 閣下，殿，貴職，先生」(《英》で地方判事，《米》で市長，《アイル》で一般に高位の人に対する敬称。会話での呼びかけは "Your Honor."，受け答えは "Yes, Your Honor.")。"Thirty days for perjury."「偽証のかどにより 30 日（の禁固刑に処す）」 証拠調べは不要である。スコットランド人が人に何かをくれるわけがない。

　上のようなジョークはありがたい。次に移るのに好都合なのだ。スコットランド人にたすきを渡してくれたので，話をそちらに切りかえる。

142　A Scotchman came upon an automobile overturned at a railway crossing. Beside it lay a man all smashed up.
　　"Get a doctor," he moaned.
　　"Did the train hit you?" asked the Scotchman.
　　"Yes, yes; get a doctor."

"Has the claim agent been here yet?"

　"No, no; please get a doctor."

　"Move over, you," said the Scot, "till I lie down beside you."

　come upon ...「... にふと出くわす」 overturned at a railway crossing「踏み切りでひっくり返った（自動車）」(a) 'Beside it lay a man all smashed up.'［倒置表現］を，(b) 'A man lay beside it all smashed up.'，あるいは，(c) 'A man all smashed up lay beside it.' とするのは，情報をつたえる流れという観点からは不自然である。'a man' は新情報であるから，情報構造上，後ろへ持ってくる必要がある。だてに倒置されているのではない。all「すっかり，ひどく」 smash up「(人に) 大けがをさせる」 原文の 'all smashed up' は主格補語とみなす［SVC の文型］。Get a doctor.「医者を呼んでくれ」 moan「うめく」 hit「(人を) はねる」 claim agent「保険金請求代理人（はもう来て行ったか）」 move over「席を詰める［譲る］」 Scot「スコットランド人」 till「《スコット・アイル》［目的］... するために」e.g. Give me a fountain pen *till* I write a letter.（手紙を書くから万年筆をちょうだい）最終行：「ねえ，きみ，きみのそばに横になりたいので，詰めてくれよ」 休息をとりたくて横になるのではない。駆けつけた医者に己の体の具合を診てもらうか，救急車がきた場合は病院へ運んでもらうためだ。どちらの場合も，無料で。

143　There's been a smash-and-grab raid at the jeweler's.

　　　Did they get away with it?

　　　No! They were Scotch, and they were arrested when

they came back for the brick.

smash-and-grab［形容詞］「《英口》ショー・ウインドーを破って陳列品を奪う［盗む］」 raid「襲撃，強盗」 jeweler's (shop)「宝石店」［barber's, florist's などと同じく省略表現］。they「(文脈から，盗賊たちのこと) やつら」 get away with ...《口》(悪事などを) うまくやる，... の罰を逃れる」e.g. Some people lie and cheat and always seem to *get away with* it.（中にはうそをついたりだましたりしていながらいつも罰をうまく逃れる者がいるようだ） arrest「逮捕する」 for「... を求めて」が原義。brick「［集合的］れんが」 れんがのかけらを取りに戻って御用となった。

144 A Scottish minister was on his usual rounds when he came across one of his old friends. "And how has the world been treating you, Jock?" asked the minister. "Very seldom!" replied Jock sadly.

minister「牧師」 on one's rounds「巡回［往診］中（で，の）」信者の福祉を気づかって家庭を訪問すること。when「(読み下して)...，とそのとき」 come across ...「... に偶然出くわす」 牧師のことばの中に使われている現在完了進行形は，「先回会ってから今までずっと」というニュアンスを伝える。cf. 'How's the world treating you?'（《口》暮らし向き［景気］はどうですか） treat「(人を) 遇する，扱う／(人に) おごる」の両義。Very seldom!「ほとんどないです」 Jock は牧師のあいさつの言葉「《直訳》世間の人はあなたをどのように遇していますか」を「世間の人はあなたにどれほどおごってくれていますか」という意味に解釈した。ことば

(how, treat) の解釈は，その人の生い立ちや受けた教育，立場や関心事，また人柄などの影響を受けるという見本である。

エスニック・ジョークを次のもので締めくくる。

　　中国人，アメリカ人，日本人の3人が列車で中国を旅行していた。アメリカ人は火をつけたばかりの煙草を一服するや，窓から投げ捨てた。「もったいない！」と中国人が言った。「なあに，本国じゃ捨てるほどあるから」とアメリカ人。日本人がカメラを投げ捨てた。「もったいない！」と中国人が言った。「なあに，日本じゃカメラなんか捨てるほどあるから」と日本人。中国人はやおら手を伸ばすと，隣にいた同胞を窓から放り出した。「何をするんだ！」と日米の両人が異口同音に言った。「なあに，この国じゃ人間なんか捨てるほどいるから」。

第8章　背後にあるもの

　この章では，ジョークの世界において，broacher（話を切り出す人）と respondent（応答者）のいずれかの側に，どのようなメンタリティーが働いているのかを考察してみる。総じていえば，ことさらに相手をばかにしたり，ずうずうしい態度を取ったりして，自分の優位性を誇示しようとする心情が働いているようだ。そうした心情は，どの国のジョークにも共通して見られるものであるから，理解しがたいことではない。厄介なのは諺や聖書，歴史的な有名句などを背負ったジョークである。日本人にとって一番むずかしいのはこの分野のもので，知識がなければソレマデだ。早々に白旗を上げるか，"How dull!" と言って，自分の dullness をジョークに転嫁するが勝ちだ。

ずうずうしさ

145　I see you advertised your saxophone for sale.
　　　　Yes, I saw my neighbor in the hardware store yesterday

buying a gun.

see (that) ...「(...だということを) 見て知る」 advertise ...「...を広告に出す」 for sale「売るために」 hardware store「金物屋」〈see O 〜ing〉「Oが〜しているところを見る」 2行目を, 英語の典型的な語順, "I saw my neighbor buying a gun in the hardware store yesterday."〈SVOC [場所の副詞] [時の副詞]〉としたら, ジョークの体をなさないであろう。最後の言葉が gun であるからこそパンチが効いているのだ。語順もジョークを成立させるための重要な要素なのである ([66], [142] 参照)。問題は, なぜ楽器を売ることと, 隣人が gun を買うこととが関係しているのか, である。次を見てみればわかる。

146 My daughter's music lessons are a fortune to me.
How is that?
They enable me to buy the neighbors' houses at half price.

lesson「けいこ (をつけてもらうこと)」 a fortune「財産, 大金」〈物・事 + enable (sb) to 〜〉「(物・事) が, (人) が〜するのを可能にする⇒(物・事) のおかげで (人) は〜できる」 この人の娘が練習している楽器の音がやかましくて, 引っ越してしまいたいと思っている近所の人の家を, 買い叩いては事情を知らない他の人に相場値で売りつける。金のなる木は思わぬところにあるものだ。これで [145] のジョークの意味も理解できるはず。身の危険を察知して楽器を手放すことにしたのである。How is that? → [81]

147 A man offered $100 a string to me to stop playing the violin.

Did you stop?

Yeah — now I'm learning to play the harp.

offer ...「...の提供を申し出る」 $100 a string「弦1本につき100ドル」 to stop playing ...「...を弾くのをやめさせるために」このジョークを読んでハープには弦が何本あるのか、はじめて関心を持つようになる人もあるだろう。標準タイプで47弦あるそうだ。バイオリンの実に12倍である。

148 I entered a face making contest.

Oh, you did — who won the second price?

enter「...に出場する,参加する」 face making contest「変な顔コンテスト」cf. make a face [faces]（おどけた［おかしな,奇妙な］顔をする） 2行目:「ああ,そう。それで2等賞は誰がとったの？（1等になったのは言わずと知れた,あなたよね）」

相手を虚仮に

149 Why don't you answer?

I did.

You didn't.

I did, too — I shook my head.

Well, I didn't hear it rattle.

too「（否定の言葉に対する強い肯定として）ほんとに」 shook（＜shake）「(首)を横にふる」(首を縦に振るは nod) rattle「カ

タカタ［ガラガラ］鳴る（脳が空っぽなので）」

150　And did I make myself plain?
　　　　No, God did that.

　1行目［SVOC］は「(a) 私の言った意味が明らかになりましたか／(b) 私は自分を不器量にしましたか」の両義。plain「(a) 明らかな／(b) 器量が並の」 respondent は後者の意味に反応して「神様がそうなさったのです（＝God made you plain.）」と言ってしまった。と言うよりは，ジョークなのだから，故意に意地悪な返答をした，と言うべきだろう。2行目の発想は日本人には不可能だ。欧米人にとって［聖書の神＝創造者］であるという考えは，日本人が［紫式部＝源氏物語の作者］と考えるのと同じほどに深く根付いているのである。cf. You created all things, and by your will they were created and have their being.（あなたは万物を創られました。御心によって万物は創られ，存在しているのです ― 黙示録 4:11）

151　I tell you it was that long. I never saw such a fish!
　　　　I believe you.

　I (can) tell you「本当に，正直のところ」 tell「（相手に）強く請け合う，断言する」 e.g. *I tell you*, I'm sick of it.（本当にそれにはうんざりしているんだよ） that long「それほど大きい」 that は「程度」を表す副詞。2行目が曲者：「（見たことがないことを）信じるよ」

152　Cook: Why, you're the same man I gave a piece of

mince pie to yesterday.

Tramp: Yes, but I 'ardly expected to find the same cook 'ere today.

why「《間投詞》（意外な発見をしたときに発する）おや」 mince pie「ミンスミートの入ったパイ」(mincemeat＝細かく刻んだ肉の中に乾燥果実，牛脂，砂糖漬けのレモンなどを加えてブランデーやラムなどを振りかけ保存したもの) tramp「ルンペン，放浪者」'ardly＝hardly. 'ere＝here. ロンドンなまりでは語頭の h を落とすこと（語頭音消失）はすでにみた（[70]～[72]）。ルンペンは驚きを見せながらも，料理人の用いた言葉 the same を使って皮肉っている。料理人は料理がへたで，彼の作ったミンスパイがまずく，すでに首にされているものと思った，ということを暗にほのめかしているのである。

153 Never tell a woman you are not worthy of her love. She knows.

女性に，「自分はあなたの愛を受けるに値しない人間なんです」といってはならない。彼女には分かっていることなのです。

154 You looked at my car like it was the first car you've ever seen.

Well, your car looks like the first car I ever saw.

「車というものを初めて見るようにおれの車を見つめていたね」—「ぼくが生まれてはじめて見た車のように見えます（＝もう今では見ることのない古臭い車ですね）」 相手が使った言葉（look, like, ever, see) を利用して答えている。

155 Go right down the hall, turn to the left and you'll see a sign that says: Gentlemen. Don't pay any attention to the sign — go right on in.

　right down the hall「廊下をまっすぐに」 right「《副詞》[副詞・副詞句の直前で]まっすぐに」 sign「標示, 看板」 say ...「...と書いてある」 pay attention to ...「...に注意をはらう」 go right on in「かまわず入って行きなさい」の right は上注に同じ。on「《副詞》[前進]先へ, ずっと, どんどん」 in「《副詞》[方向]内へ[に]」 標示が 'Gentlemen' ではなく, 'Men' となっていたら, このジョークは成り立たない。要するに「あんたは紳士ではないのだが, かまわず...」と言っているのである。飛び込んだ男はほっとして,「急ぐとも心静かに手を添えて外にこぼすなマ○タ○のつゆ」という歌を思い出しながら, 体を楽にする (ease oneself = urinate) ことができるのである。このジョークが創作されてから多くの男性が躊躇するので, トイレの標示に「紳士用」という文字が消えた。

156 Did you reprimand your little boy for mimicking me?
　　　Yes, I told him not to act like a fool.

　reprimand「厳しく叱る」 mimic「...をまね (てばかにす) る」綴りに注意: mimicked, mimicking。2行目の親:「子どもには[バカなまねをしないように／バカのまねをしないように]言いつけましたよ」 仮にジョーク検定試験で, 受験生に上記の文を和訳するよう求めたとしたら, 採点者は「な／の」のどちらに訳したかをポ

イントにするはずだ。

157 I'll bet your wife is a woman of rare intelligence.
That's right. She rarely shows any of it.

I'll bet (that) ...「きっと...だ」 bet「賭ける」 相手が使ったことば rare (《形容詞》珍しい，めったにない) に対して rarely (《副詞》めったに...ない) を返事に含ませた妙。「奥さんはまれに見る知性の持ち主ですね」—「そのとおり。まれにも見せないさ」

158 Shall I give her a local anesthetic?
No, I'm rich — give her the best. Give her something imported.

Shall I 〜?「〜しましょうか？」 local anesthetic「局部麻酔」であって「(地元の→) 国内の麻酔剤」ではない。broacher が用いた local という単語に反応して2行目の言葉が出た ([144] を参照)。something imported「何か輸入したもの」 夫は愛する妻のために，外国産の麻酔剤を使ってもらいたいと思っている。上例は外国物かぶれにならないように，また金持ちは，貯めこんだお金の高に応じた教養を身につけるよう促すジョークである。

159 Say, caddy, why do you keep looking at your watch?
It isn't a watch, sir, it's a compass.

Say「《米口》(相手の注意を引くために) おい，ちょっと」 caddy = caddie「(ゴルフの) キャディー」 〈keep 〜ing〉「〜しつづける」 compass「方位磁石」[複数:compasses (コンパス)] 2行目で下手なゴルファーを虚仮にしている。着地したボールから見て，

どちらの方角にホールがあるのかを確認しているか，あるいはもっとひどい場合は，ゴルフ場で迷子になったのだろう。

ノンシャラン

punch line を平然と言ってのけ素知らぬ顔をしているその態度から，仏語のノンシャラン (nonchalant) を小見出しにしてみた。

160 I paint a picture in five days and think nothing of it.
Neither do I.

〈think nothing of ...〉「(a) ... を苦にしない，何とも思わない／(b) ... を軽んじる，つまらないと思う《反》think the world of ... (... をとても大事に思う)」 このイディオムと代名詞 it が，それぞれ二様に使われている。第1話者は it = paint a picture in five days を「何とも思わない」と言っているのに対し，応答者は it = (the) picture を「何とも思わない＝つまらないと思う」と言っている。Neither do I. ＝ I think nothing of it, either.

161 It seems to me I've seen your face somewhere before.
How odd!
It certainly is.

第2話者が，How odd it is that you should have seen my face somewhere before! [it は that 以下の節の内容を指す形式主語] のつもりで言ったものを，3行目では It を強引に my face に照応させて，It (= Your face) certainly is (odd!). としたもの。odd「奇妙な」

162　Don't you hate people who answer a question with another?
　　　　Who doesn't?

　2行目は修辞疑問である。だからといって，実質的に同じ意味の 'There is no one who doesn't (hate).' で置き換えても，ジョークにはならない。question には「質問／疑問文」の意味がある。応答者は質問に対し質問文で答えることによって，質問者から一本とったのである。punch line がノンシャランであり，「？」が効いている。「質問に対して質問で答える人って嫌いじゃない？」―「嫌いでない人なんている？」

　1行目の another に注目しよう。「ほかの人と一緒に答える人って嫌いじゃない？」の意味ではない。

　　（例）　"You are a fool." ― "You are another."

「お前はばかだ」―「君は別だ」では話にならない。やはり「君だってばかだ」とやり返すのが人情というもの。このような another は 'one more person or thing of the same type' の意味である（[15]を参照）。形容詞にも同様の用法がある。e.g. He walked *another* two miles.（さらに2マイル歩いた）[another が複数名詞を従えていることに注意]

163　Where did you get that umbrella?
　　　　It was a gift from sister.
　　　　You told me you hadn't any sisters.
　　　　I know ― but that's what's engraved on the handle.

　柄に「妹より」と彫りこんである傘をちゃっかり自分のものにし

て, 妹からの贈り物だとうそぶいている妹のいない男の話。家族名 (今の場合は sister) はしばしば無冠詞。4行目:「分かっているよ。でも, 柄に刻まれているのはそれ (from sister という言葉) だもの」

164 Lucky we weren't all killed.
　　　 Well, better luck next time.

1行目: (It was) lucky (that) we weren't all killed. 2行目: (I wish you) better luck next time. 口語では省略できるものは省略する。「全員が死ななかったこと (部分否定)」が「ラッキー」であれば,「全員が死ぬこと」は「もっとラッキー」 これはひどい。ついでながら,〔(a) 全体否定 (total negation) ― (b) 部分否定 (partial negation)〕と,〔(c) 文否定 (sentence negation) ― (d) 語否定 (word negation)〕の対応を混同しないように。
　(例1)　All the boys were not invited.
　　　　(a)　「少年たちはだれも招かれなかった」
　　　　(b)　「すべての少年たちが招かれたわけではない」
　　　　　　〔(b) の音調は下降上昇調〕
　(例2)　Mary looks attractive in no clothes.
　　　　(c)　「メアリーは何を着ても魅力的に見えない」
　　　　(d)　「メアリーは何も着ていないと魅力的に見える」

165 What did your father say about wrecking the car?
　　　 Shall I leave out the swear words?
　　　 Certainly.
　　　 He didn't say anything.

wreck「めちゃめちゃに破壊する, ぶち壊す」 leave out「(文

字・言葉などを)省く,除外する」 swear words「ののしりの言葉,口汚い言葉」e.g. Jesus Christ (ちくしょう), God'em (＜God condemn! このやろう), Oh, damn! (＜May God damn! いまいましい), etc. 4行目を「除外」の前置詞(but)を用いて書き換えれば, 'He said nothing but swear words.' (= He said only swear words.) ということ。

166 Do you mind if I smoke?
I don't care if you burn.

1行目：「(a) タバコを吸ってもいいですか／(b) 私が煙をだしたら気になりますか[いやですか]」の両義。2行目：「あなたが(煙を出すどころか)燃えたって私の知ったことではない[平気だ]」 care「[通例,否定文・疑問文] (...かどうか)気にする,構う」 応答者はもちろん(b)の意味にねじまげて受け取った。この会話,友人同士の軽い冗談だと取っておこう。

167 You don't believe in freedom of speech?
G-g-g-go to the d-d-d-devil.

1行目は平叙文の語順だが,'?'が文尾にあるので疑問文である。第1話者は意地悪だ。freedom of speech「(さえぎるものから開放されて)障りなく話せる→よどみなく話せる→自由に話せる→言論の自由」 下線部の両義によって成り立っているジョークである。believe in「...を価値あるものと信じる」cf. I *believe in* you. (君[の人柄・能力]を信じる)／I believe you. (君の言うことを信じる)　Go to the devil.「[命令文で]とっととうせろ,くたばれ」

第8章　背後にあるもの　103

168 Will you please t-t-t-tell me — d-d-does this t-t-t-train g-g-g-go t-t-t-to F-f-f-florida?
Yeah.
W-w-when d-d-does the t-t-t-train leave?
It left while you were talking.

こ-こ-こ-これは，ぜ-ぜ-ぜんぜん，も-も-も-問題のない，ジョ-ジョ-ジョークだ。Florida「フロリダ（米国南東端の州）」

こんぐらかり

169 I wouldn't buy a car. It's too complicated.
What's complicated about buying a car?
Well, all I know is my uncle is still paying part payments on the car he sold in part payment of the car he has now.

第3文は込み入っている。文の構成素を種々のカッコで区切って大まかに示したので，以下の語句注を参考にして，考えてもらいたい。I wouldn't buy a car.「僕だったら車なんか買わないな」［仮定法＝叙想法］　complicated「複雑な，込み入った」　All I know is ...「僕に分かっていることはただ...」　pay [make] part payment(s) on ...「...に対する返済金の一部［内金］を払う」　in part payment of ...「...の内金として」　... is (that) my uncle is still paying part payments｛on the car [he sold (in part payment of the car [he has now])]｝　現在所有の車と，それ以前に所有していた車の2台しか登場していない。また，両方に分割払いの残金が

残っていることがヒントになる。「叔父はいま所有している車の内金として売った車の返済金をいまだに払っている」 これだけ込み入ったことを言うことのほうが, 車を買うことよりも複雑だ。文の分析の仕方が分かると, 次の文を読んだとき, どの車を警戒すべきかが分かるだろう。

170 The car to watch is the car behind the car in front of you.

注意 (watch) すべき車の判断を誤ると, わが身が危ないですよ。

171 She told me that you told her the secret I told you not to tell her
The mean thing! I told her not to tell you I told her.
Well, don't tell her that I told you she told me.

mean thing「意地の悪いこと」 これは女性二人の会話である。しかるべきところで現在完了や過去完了を用いればもっと分かりやすいはずだ。原文の意地悪に見習い, 代名詞をできるだけ訳出して和文を示す。「あなたに彼女には話さないでと言っておいた秘密を, あなたが彼女に漏らしてしまったと, 彼女はわたしに言っていたわ。／彼女の意地悪！ わたしが漏らしたんだってことをあなたには話さないでと, わたし彼女に言っておいたのに。／彼女がわたしに打ち明けたということを(わたしが)あなたに話してしまったことは, 彼女には言わないでね」 時制を示せば次のようになるだろう。

She has told me that you told her the secret I had told you not to tell her.
The mean thing! I told her not to tell you I had told her.

Well, don't tell her that I have told you she told me.

ナンセンス

172 My brother stands in front of a mirror with his eyes closed.
What for?
Oh, he just wants to see what he looks like when he is asleep.

with his eyes closed「両目を閉じて」 いわゆる付帯状況のwith。What for?「なぜ」 what he looks like「どんなふうに見えるか」e.g. *What* does he *look like*?（彼はどんな感じ［外見］の人？）

173 Say you love me, say it! Say it! For heaven's sake, say it!
It.

for heaven's [God's, goodness] sake「お願いだから」 最後のit の指すものは「(a) you love me／(b)（言語記号としての）it」の二様。

それにしても It は見事な 'laconic answer' である。古代ギリシャが諸州に分かれていたころ，北部のマケドニア王フィリップはギリシャ全土を支配する王になる野望を抱き，南部の Laconia に住むスパルタ人に戦争をしかけた。スパルタ人には無用なことばは使わないという風習があった。フィリップ王はスパルタ人に次のような

手紙を送った。"If I go down into your country, I will level your great city to the ground."（もし余がお前たちの国に入れば，その都を徹底的に破壊する）　二，三日たって彼のもとにもたらされた手紙には，ただ一言，"IF." と書かれていた。短い返事が laconic answer と呼ばれるゆえんである。このような逸話を 50 話集めたものが *Fifty Famous Stories* (by James Baldwin, 1841-1925) で，むかしの英語学習者の多くが，その注釈書を頼りに勉強したものである。

　わき道にそれたが，このジョークの punch line（落ち）は見事というしかない。

バ カ

174　I've just swallowed a great big worm.
　　　Hadn't you better take something for it?
　　　No—I'll let the thing starve.

swallow …「…を飲み込む」　great big は big を強めた言い方。e.g. eat a *great big* meal（豪勢な［大量の］食事をする）　Hadn't you better take something?「何か（薬でも）飲んだほうがよいのではないか」　thing「［有生／無生，いずれも指す］そいつ」　let the thing starve「そいつを餓死させる」［使役動詞＋O＋〜］虫が餓死する前に自分のほうが死んでしまうことに気づかないおばかさん。

175　I had trouble with my eyes—I saw spots in front of my eyes.

Do your glasses help?

Yeh — now I can see the spots much better.

〈have trouble with ...〉「...に障害［不安・問題］がある」 e.g. I *have trouble with* my teeth.（歯が痛んでいる） spot「斑点」 help「助けになる」 飛蚊症という，目の前に蚊や塵が浮遊している感じのする眼病がある。眼鏡をかけて「いっそうよく見えるようになった」という言葉にだまされてはならない。眼鏡のこちら側にあるものが，眼鏡をかけたからよく見える，ということはありえない話で，それだけ症状が重くなったということだ。

176 You accuse me of reckless extravagance. When did I ever make a useless purchase?

　　　Why, there's that fire extinguisher you bought a year ago. We've never used it once.

夫婦の言い合い。〈accuse (sb) of ...〉「...の理由で（人）を非難する，責める」 reckless extravagance「むちゃな浪費」 make a (useless) purchase「（無用な）買い物をする」 why「《間投詞》［抗議・反駁を表して］だって」 fire extinguisher「（携帯用）消火器」 that は（後につづく関係詞節の先行詞が何かをはっきり示す）指示形容詞。e.g. *that* part of the country *which* lies south of the Thames（テムズ川から南にある地方） この伝で行けば，世の中で一番高いのが消火器で，一番安いのが一生使える辞書。

177 Wake up! Wake up!

　　　What's the matter? What happened?

　　　I forgot to give you your sleeping powder.

これも夫婦間の，あるいは間抜けな看護師と患者のやり取り。sleeping powder「粉末の睡眠薬」'powder for sleeping' と言い換えることができるので，sleeping は動名詞。せっかく寝ているところを起こされて，睡眠薬を飲ませられるなんて，たまったものではない。このあと，目が冴えて眠れなくなるのは必定である。

178 The height of laziness—the man who will stand with a cocktail shaker in his hand waiting for an earthquake.

　height of laziness「怠惰のきわみ」 will「(「意志」を表し)〜しようとする」 'stand [with a cocktail shaker in his hand] waiting for an earthquake' の waiting は stand の補語とも，分詞構文とも取ることができる。with a cocktail shaker in his hand「カクテルシェーカーを持って」〈with＋O＋句〉の形の付帯状況を表す副詞句。ただし，この句を文尾に持ってくるとジョークの面白さは半減する（earthquake が文末にあることでおかしみが沸くのである）。語順の効果については，［66］，［145］参照。

諺・聖書・有名句

　若い医者と歯科医が同じ建物内で開業しており，一人の受付嬢が両方の業務を同時にこなしていた。医者はふたりともこの受付嬢に首っ丈だった，という想定で次の話を読んでもらいたい。

179 The dentist was called away on business, so he sent for the receptionist and said: "I'm going to be away for ten days. You will find a little present in your room." She went in and found 10 apples.

　call away「よそへ呼ぶ,《受動態》呼ばれて行く」　on business「用事で」　send for ...「... を呼びにやる」　receptionist「受付係」　be away for ten days「10日間るすにする」

　歯科医はカウンターで恋敵の医者と鉢合わせをするのを避けるため，看護師にでも頼んで受付嬢を呼びにやったのだろう。いずれにしても，なぜこれがジョークなのか。解く鍵は諺である。[諺] An apple a day keeps the doctor away.（1日1個のりんごを食べれば医者を遠ざける，1日にリンゴ1個で医者いらず）（　）内の1番目の日本語訳が，なぜ歯科医が10個のリンゴを女性に届けたかの理由を示している。

　リンゴが体に良いことは万人の認めるところである。これほど有名な諺を，定評のある『三省堂英語諺辞典』が採録していないのは，有名でありすぎるためだろうか。この諺をもじったジョークや言葉遊びは数知れずある。いくつか紹介してみると，

180　A joke a day keeps the doctor away.

　笑うことが健康に良いことは医学界で証明済みである。認知症の進行を薬で抑えている80歳代半ばの米国婦人が，テレビの取材班に言った。「朝一番にすることは新聞の死亡欄を見ることなの。自分の名前がそこに載っていないのを確認してから，仕事にとりかかるのよ」 主治医はどのようにしてこのジョーク好きの女性に近づくのだろうか。

181　Knock, knock!
　　　　 Who's there?

Minneapolis.

Minneapolis who?

Minneapolis each day keep many doctors away.

　5行目の Minneapolis を 'Many apples' の近似音に引っ掛けて（語呂合わせ），意味が通るようになっている。上例は「ノック・ノック・ジョーク (knock-knock joke)」という掛け合いの言葉遊びである。これは，1人が戸をたたくまねをして 'Knock, knock!'（トントン）と言うと，相手が 'Who's there?'（誰なの）と言い，たとえば 'Ken.'（ケンです）と言うと 'Ken who?' と聞かれ，'Ken I come in?'（= Can I come in?）と，駄じゃれで結ぶものである。

　定型は5行で，最後の行のオチを駄じゃれ (pun) でしめるのが基本だが，中には定型を破って，相手をギャフンとさせるものもある。

　（例）　Knock, knock!

　　　　Who's there?

　　　　A man who can't reach the doorbell!

相手が「どなた？」と，トントン遊びに乗ってきたところへ，「呼び鈴に手が届かないので，こうしてドアをたたいているのです，ハイ，おしまい」とうっちゃりをかけている。

182　There once was a fellow named Roderick Gray,
　　　　Who ate apples all night and ate apples all day.
　　　　　He is now in a hospital,
　　　　　That's what they say,
　　　　And a doctor a day keeps the apple away.　　　(Limerick)

(むかし，RG という男がいた／よるひるリンゴを食った／今じゃ病院の中／それで医者がリンゴを遠ざけている／という噂)

5行目で，諺の中の apple と doctor の位置が，入れ替わっているところに面白さがある。上のような詩形式を limerick（リメリック，5行戯詩）と呼ぶ。リメリックは次に挙げる例のように，通例，弱弱強調（anapaest）の5行からなり，1, 2, 5行（3詩脚[†]から成る）の終わりに同音を繰り返し（つまり押韻し），3, 4行（2詩脚から成る）で互いに押韻する。韻（rhyme）を踏ませることが肝要なのである。

(例)　There was a young lady from Lynn,
　　　Who was so exceedingly thin,
　　　　That when she essayed
　　　　To drink lemonade,
　　　She slid down the straw and fell in.
　　　(リンの町から来たお嬢さんがおったとさ／ひどくやせっぽちさ／レモン水をね／飲もうとしたときね／ストローからすべりおちたんだとさ)

昔，社交的な集まりで，ひとりひとりが順番に即興的に歌う詩が終わるたびに，全員が "Will you come up to Limerick?" と歌ったことに由来するらしいが，起源については諸説があるので，確かなことはいえない。

[182] の3行目は4行目と押韻していないが，戯詩であることを

[†] Be it ever so humble, there's no place like home. を，4箇所に強勢（stress）を置くようにして，声に出して読んでもらいたい。すると，強勢が置かれるのは ever, humble, no, home の4語であり，その各々の前にある弱弱を含めると，4個の弱弱強の波ができる。このような波のことを詩脚（foot）と呼ぶ。

考えれば，韻律形式に変化があっても驚くにあたらない。要するに，"An apple a day keeps the doctor away." という諺が，ジョークやことば遊びの世界では，引く手あまたであるということの例として挙げたにすぎない。

183 Blessed are the pure in spirits, for there is nothing worse than a mixed drink.

上は，"Blessed are the pure in heart."（心の清い人たちは，さいわいである。《聖書》マタイ 5:8）を下敷きにしたしゃれである。spirits「心／《しばしば単数扱い》蒸留酒（ウィスキー，ブランデー，ジン，ラムなど）」後者は精製をくりかえして純度を高める。したがって，the pure in spirits は「心の純粋な人たち／混ぜもののないアルコール」の両義。for「《接》というのは」この語の前にはふつう (,) か (;) が置かれる。there is nothing worse than …「…以上にひどいものはない」 mixed drink「カクテル」のことだが，これも字義どおり「混ぜ合わせた飲みもの」と解釈したい。ワインとウィスキーと焼酎とビールなどを同時に飲んだらどうなるか，結果は悲惨なものであろう。これを等式で表すと grape（発酵酒）+ grain（蒸留酒）= hangover となる。

184 Eat, drink, and be merry, for tomorrow ye diet.

be merry「[命令文] 楽しめ」 ye「《古》[二人称単数 thou の複数形] なんじらは」 diet「ダイエットする」 diet は次の聖書のことばの中の die にかけた地口である。"Let us eat and drink, for tomorrow we die."（我らいざ飲み食いせん。明日死ぬべければなり）（コリント第一 15:32）

なお，上の二つの例の中で使われている，「理由」を表す等位接続詞 for について一言。重文 "[節1]，for [節2]" の for は理由を表すといわれるが，これを単に「なぜなら」という感覚でとらえるのはまずい。なぜなら（＝というわけは），

　　　It is morning, for the birds are singing.
という文において，鳥の鳴くことが，夜が明けることの直接の原因ではないからである。同様に It might rain, for [*as, *since] the barometer is falling.［(*) は非文法的の意］では，気圧計の下がることが，雨が降る直接の原因ではない。「<u>[節1] と言ったそのわけは</u> [節2] だから」という具合に，追叙的に理由を述べているのである。

185　Be it ever so homely, there is no face like one's own.

これは，先に引用した次の有名な詩行をパロディー化したものである。

　　　Be it ever so humble, there's no place like home!
　　（どんなにみすぼらしい家でも，我が家ほどよいところはない）

望郷の詩歌として絶賛された「楽しき我が家」("Home, Sweet Home": John Howard Payne (1791–1852) 作：日本では里見義訳詞『埴生の宿』）の中の1行である。上掲のジョークは女性について言っているもので，人から見向きもされないような容貌であっても，己のかんばせほど良いものはない，というのである。またこの詩行は，命令法［命令文の形式をとっている節］が「譲歩」を表す例として，受験参考書などにしばしば引用されている。

　数少ない例だが，ジョークの理解には有名句（諺・聖書・詩文な

隠し意味

186 Well, John, did you give the Judge my note?
Yes, but there isn't any use writing to that man.
Why do you say that, John?
'Cause he's blind as a bat. Do you know he asked me twice where my hat was — and all the time it was on my head?

　時代がやや遡った，米国は片田舎の法廷での場面であろう。行動規準が緩やかになってきている現代では，とくに日本では，このジョークを理解するのはむずかしいかもしれない。Judge「判事」敬意を表す称号，もしくは固有名詞に準ずる名詞として大文字を用いている。note「メモ，短い手紙」〈there isn't any use 〜ing〉(= there is no use 〜ing = it is no use 〜ing)「〜してもむだである」'Cause = Because. blind as a bat = as blind as a bat「《成句》全く目が見えない」 and「しかも，それなのに」[(対照的な内容を導く) = but] all the time「その(法廷にいる)間じゅう」〈Where is your ...?〉は，何か不満な点をたしなめたり叱責したりするときの定型表現である。e.g. *Where is your* manners?(お行儀はどうしたの) / *Where is your* spelling?(スペリングがなってないじゃないか)［語用論的意味が慣用表現に定着したもの］

　女性や権威者の前で(あるいは法廷で)は，男は帽子を脱ぐことが礼儀であり慣習になっている文化がある。その証拠に，〈hat in hand〉（帽子を手にして；かしこまって；うやうやしく）という成句がある。そういう背景を理解していること，そして疑問文のもつ語用論的機能を理解していること，この二つが John に欠けていたためにジョークの種にされてしまった。ところで，語用論（pragmatics）とはどのようなものだろうか。判事の発した質問（疑問文）には次のような function〈機能，働き〉が考えられる。

    (a)　「帽子はどこにあるのか」〈情報を求める〉

    (b)　「帽子はどこにあるのかね」〈皮肉，いやみ〉

    (c)　「帽子を脱いではどうか」〈提案〉

    (d)　「帽子を脱ぎなさい」〈命令〉

判事が疑問文によって伝えたかったメッセージは (b), (c), (d) のいずれかであろう。一般論としていえば，ある表現 X（＝記号）に関して，"What do you mean by X?" と問うてみる。本例で X に相当するのは "Where is your hat?"（← 'where my hat was' を直接話法に直した）である。すると相手（Judge）の発話の意図がみえてくる。発話文を正しく理解するには，そのコンテクストを無視することはできない。このように，発話文の意味に，コンテクスト（話し手や聞き手の信条，状況認識，社会・文化的背景など）がどのように関係しているかを研究する領域を，語用論と呼ぶ。

小見出しの「隠し意味」とは，ある発話に表向きの表現（上例では "Where is your hat?"）から得られるのとは異なった意味が隠れていることをいう。たとえば，戸口のチャイムが鳴った。集金人らしい。とっさに母親が子どもに「お母さんは留守だからね」と言ったとしよう。察しのいい子どもが母親の意図を理解したときの意味が隠し意味である。

なお，blind as a bat に類する表現を simile（直喩）という。頭

韻を踏んでいるもの，たとえば，as busy as bees／as dry as dust（味もそっけもない）／as good as gold（とても行儀が良い）／as cool as a cucumber（きわめて冷静で）／fit as a fiddle（元気でぴんぴんして）／proud as a peacock（高慢ちきな）などは，修辞学で強意的直喩と呼ばれる。

　以上，ジョークの登場者に働くメンタリティーや背景知識について瞥見したが，ジョークを成立させるものとして，ほかに言語上の仕掛けがある。それらは第 11 章で詳述するが，ここでは異分析と呼ばれる言語現象に軽く触れておきたい。

187　The polar bear considers his habitat an ice place.

　polar bear「ホッキョクグマ，白熊」〈consider O C〉「O を C とみなす」 habitat「生息地」 本例は metanalysis（異分析）を利用したものである。異分析とは文法用語で，語群の境界を誤って識別し，その語の一部を隣接する語に添加するといったような，本来とは異なった分析をすることをいう。たとえば，「エプロン」(an apron) は中期英語では〈a napron〉であった。また「イモリ」は中期英語では〈an ewte〉であったが，現代では〈a newt〉である。このような現象を利用した言葉遊びやジョークも多い。本例は音連結の一つ，'n-linking' を利用して an ice place → a nice place と異分析する。'n-linking'（n 連結）とは音声学の用語で，連語中において，語尾の n が，後続する語頭の母音と連結することをいう。例: ten apples, run away, in order to, etc. 日本語にも同様の現象がある。例: 観音［カンオンとはいわない］，反応，天王星。

188　Don't underrate yourself. I hope you know what

underrate is?
Sure, seven.

　上例で 'n-linking' を取り上げたので，今度は 'r-linking' の例である。underrate「…を過小評価する (underestimate the extent, value, or importance of sb or sth (*ODE*)」Sure「もちろん」応答者は underrate を under eight（8の下）と異分析して7と答えた。under eight を r 連結すれば発音は underrate と同じ (cf. fo$\overgroup{r\ e}$ver)。

189 "Eaves dropping again," said Adam, as his wife fell out of a tree.

　アダムの妻が木から落ちたことと，家の軒 (eaves) がまた落ちてくることとには何の関係もない。これはきわめて手の込んだジョークである。eavesdrop（立ち聞き［盗み聞き］する）という単語を知らなければ，このジョークはお手上げだろう。Bible, metanalysis の知識も必要だ。

　聖書の創世記には，Adam の妻 Eve が蛇にそそのかされて，禁じられていた善悪を知る木の実を食べ，神の命令に背いたことにより，罪を得たことが述べられている。同書には，Eve が立ち聞きしたとか，木から落ちたという記述はないが，辞書が fall に「(*vi.*) (人が) 誘惑に負ける；堕落する，転落する，罪を犯す」の意味を当ててあるのは，このくだりに源があるようである。そして fall の同義語 drop を用いれば，下で見るように eavesdrop という語も連想されるはずである。なお，drop には辞書的には上記の fall のような意味はないが，ここはジョークであるから，「落ちる／堕落

する」の両義で読んでかまわないだろう。また，女性は好奇心旺盛なので，eavesdrop なる語を用いたのも効果的といえよう。

　では，仕掛けを見てみる。Eaves dropping を次の (a), (b) 二様に解する。(a) [pun (地口) により] Eve's dropping／(b) [metanalysis により] Eavesdropping (→[補助的解釈により] (She's) eavesdropping)。最初の Eaves dropping は (a), (b) を同時に意味しているから面白いのである。なお，[189] は [266] 以降で取り上げる Wellerism でもある。

　「『(a) Eve はまた堕ちるのか／(b) あいつはまた立ち聞きしている』と，Adam は妻が木から落ちたとき言った」

第9章　茶化し表現

「ちゃかす」というのは意図的な精神活動だが，この章では意図せずして滑稽な表現になってしまったものも含める。最初の見出し Boners がそれである。意図的に滑稽に仕上げているのは comictionary（笑辞典）であり，米小説家 Ambrose Bierce (1842–1914) の手になる *The Devil's Dictionary* は辛らつな皮肉の点で類をみない。その他，機知に富んだことばや皮肉を特色とする警句もどきを，Witty Sayings という見出しの下に紹介する。

Boners

boner とは「知ったかぶり，生徒が珍答案の中でみせる間違い」のことである。《英》では howler という。また，利巧ぶる人，知ったかぶりをする人のことを，軽蔑的に wiseacre という。

190　Antimony is money inherited from your mother's sister.

　antimony「アンチモン」［金属元素：Sb］　inherit「相続する」

antimony＜aunt＋money と類推した。

191 Autobiography is a history of motor cars.

autobiography「自叙伝」[auto-（自己の）＋biography（伝記,一代記）] オートとくれば車を連想するのもやむを得ない。

192 Cosmic rays are electric treatments to make a woman beautiful.

cosmic rays「[通常複数形] 宇宙線（宇宙空間から絶えず地球に入ってくる高速度の微粒子）」 この語を cosmetic（化粧の, 美容の）という語と間違えた。treatment「治療法」

193 Doctors who treat your eyes are called optimists.

optimist「楽観主義者」 眼科医は「optic（目の）＋technician（ある分野の専門家）」だから, optician が念頭にあって optimist と言ってしまったのだろう。ただし, optician は「眼鏡商 [技師]」のことで, 眼科医は正式には oculist, ophthalmologist, eye doctor などという。

194 The earth resolves around the sun once every year.

resolve（解決する）は revolve（回転する）の言い間違い。[193], [194] は malapropism（言葉のこっけいなはき違い, 特に発音が類似した2語の混同）の例である。この語は Mrs. Malaprop に由来する。マラプロップ夫人は英国の劇作家 Sheridan 作の喜劇 *The Rivals* 中の人物で, 言葉のこっけいな誤用で有名。

195　Free — The most attractive word in an ad.

これは本来つぎの comictionary の項目に入るべきもの。free は出入り自由な単語だ。だから，'free pass' の意味を誤解する人が多い。この際，正しておこう。free「無料の」が正しい意味。attractive「魅力的な」 ad「広告（＝advertisement）」「無料：広告の中でいちばん目に入りやすい言葉」　なお，広告の誤植は意図的なものでないかぎり，詐欺とはならないそうだ。この情報は悪用してもらいたくない。ここでわれわれがやっている，いや，やらされている地上最大の free なるものを紹介しよう。

> Living on earth may be expensive, but it includes an annual free trip around the sun.
> （地上の生活はなるほど費用がかかる。だが，年に一度の無料の太陽周回旅行が含まれている）

英国生まれの米国の文筆家・漫画家 Ashleigh Brilliant (1933-　) の言である。彼の警句は 16 語以内で成り立っている。もう 1 語は緊急の時のために備えてあるのだという。1 語あたりの原稿料が M. Twain に次いで全米歴代第 2 位だそうだ。

196　The golden rule is that the man who first finds gold keeps it.

the golden rule（黄金律）というのは「何事でも自分にしてほしいと望むことは，同じように人々にもしなさい」（マタイ 7:12 (Do to others what you would have them do to you.)）であって，「金を最初に見つけた者がそれを自分のものにする」というのは Au rule である（Au は金の化学記号。ラテン語 *aurum* より）。

197 History calls the people Romans because they never stayed long in one place.

　Romans「roam（歩きまわる，放浪する）＋mans（人々）」のこじつけ。man の複数形は men ではないか，などと野暮なことは言わないこと。「その民族は一か所に長くとどまらなかったので，歴史上［ローマ人／放浪の民］と呼ばれている」

198 When a man is married to one woman it is called monotony.

　monotony（単調，退屈）とはうまく言ったもの。cf. monogamy（一夫一婦制）

199 The objective of 'he' is 'she'.

　objective「目標，目的／目的格（の語）」「彼のお目当ては彼女だ」と茶化している。文法の教師は she ではなく him を期待する。

Comictionary

200 Confidence — The feeling you have when you are ignorant of the facts.

　「確信：すべての事実を知らないときに抱く感情」　多くの事を知れば知るほど，人は「絶対に…だ」とか，「…は間違いない」などとは言えなくなる。

201 Dachshund — Half a dog high by a dog and a half long.

dachshund「ダックスフント（ドイツ原産の胴長短脚の犬）」 by [乗除・寸法に用いて] e.g. a lake fifteen miles long *by* three (miles) broad（長さ15マイル幅3マイルの湖） half a dog（犬の半分）および a dog and a half（犬1.5匹分）は「程度」表す副詞。それぞれ形容詞 high, long を修飾する。0.5［匹（分の背丈）］×1.5［匹（分の長さ）］の犬。

202 Diplomacy — Saying and doing the nastiest things in the nicest way.

「外交術：最も不愉快なことを最も感じよく言ったり行ったりすること」 diplomacy「外交術, 駆け引き」 nasty「悪意のある, やっかいな」

203 Encore — A greedy theatergoer's desire to get more than his money's worth.

「アンコール：欲張りな芝居の常連が入場料金以上のものを得たがる欲望」〈get one's money's worth〉「（努力・出費の）元を取る」

204 Liberty — What a man would exchange for a wife.

would ～「できれば～したいと思う」〈exchange A for B〉「Bと引き替えに A を手放す（= to give up (sth) to get sth better or more useful)」 e.g. *exchange* freedom *for* security（身の安全と引き替えに自由を放棄する） for ...「...を求めて」 この文は，結婚前のまだナイーヴな男の思いを，同情心をもって述べたものである。wife の位置を換えて 'What a man would exchange his wife for.' とすれば，妻を手放して自由を得たい，と思っている既婚者

の悲痛な願いに聞こえる。これを応用して 'What a woman would exchange her husband for.' とすれば女性用になる。

205 Life — An everlasting struggle to keep money coming in and teeth and hair from coming out.

everlasting「いつ終わるとも思えない」 struggle to ～「～しようとするあがき，努力」 keep ｛(a) [money coming in] and (b) [teeth and hair from coming out]｝という構造になっていて，keep は，(a) に続くときは「金が入って来るのを絶えないようにする」という意味に，(b) に続くときは prevent と同じ意味・用法で，「歯や髪の毛が抜けないようにする」という意味になる。

206 Money — The only linguist that talks in all languages.

linguist「数か国語に通じた人」「お金: あらゆる言語で話す唯一の言語学者」 金がものを言うのは万国共通。上例は［諺］Money talks.（金がものを言う）を下敷きにしている。大きな声では言えないが，声を出さずにものを言うのが bribe である。

207 Neighbor — One who knows more about your affairs than you do.

one who ...「...する人」 affairs「(身辺の) 事情，関心事，問題」

208 Peace — In international affairs, a period of cheating between two periods of fighting.

「平和: 国際問題において，戦闘と戦闘のあいだのだましあう期間」 cheat「(自分の利益のために) 人をだます，欺く」 平和を

'What we are all fighting for.'(そのために戦っているもの)と定義したのもある。

209 Philosopher — One who instead of crying over spilt milk consoles himself with the thought that it was over four-fifths water.

[諺] It is no use crying over spilt milk. 「覆水盆に返らず(こぼれた牛乳を悔やんで嘆く[取り返しのつかない失敗を残念がる]のはむだなこと)」を利用。console「慰める, 元気づける」 thought [that S+V ...]「... という考え」 that は関係代名詞ではなく, 接続詞。over four-fifths「《副詞句》5分の4以上(が)」 牛乳は5分の4以上が水だから, 水をこぼしたも同然だ, というわけ。four-fifths と複数形になっているのは, one-fifth が四つ(複数個)あるから。イソップ物語の中に, ブドウを取ろうとしたが手が届かなかったため, あれは酸っぱいブドウ(sour grapes)だと言ったキツネがいた。爾来(じらい), 'sour grapes' は「負け惜しみ」の意味になったが, 哲学者がキツネ並みの発想では困る。それはともかく, 哲学者もキツネも, 合理化という心理的防衛機制によって欲求不満を解消した。

210 Preposition — A bad word to end a sentence with.

「前置詞:文末に置くには相応しくない言葉」 定義そのものの中に前置詞を後置して, おどけてみせた。前置詞は文字どおり「(名詞・代名詞の)前に置く詞(ことば)」であるから, 文の終わりに置くのは相応しくないという誤解がある。多分そのためと思われるが, Winston Churchill (1874–1965; 英国の政治家・著述家)の書いた文が前置詞で終わっていたので, ある編集者がよかれと思って語順

を変えてしまった。そこはノーベル文学賞を受賞するほどのチャーチルである。編集者にあてて早速つぎのような皮肉たっぷりのメモを書き送ったと伝えられている。'This is the sort of English up with which I will not put.'（このような英語は我慢ならない）［put up with …（…を我慢する）］　この逸話がまゆつばものであることは，コピー＆ペーストの時代に 'Not ending a sentence with a preposition is a bit of arrant pedantry up with which I will not put.'（文章を前置詞止めにできないことは，私には我慢のできない杓子定規の一つだ）を含め，10近くの'変種'が，チャーチルのことばとしてインターネット上に出回っていることからうかがえる (cf. http://www.wsu.edu/~brians/errors/churchill.html)。

211　Resort — A place where the tired grow more tired.

　resort「行楽地」　the tired = tired people.　大人が経験から学ばずに出かける所。

212　Seasickness — Travelling across the ocean by rail.

　seasickness「船酔い」　by rail「(a) 鉄道で／(b) 手すりにもたれて = (over the rails)」の両義。歯痛と並んで，もう二度と経験したくないのが船酔い。手すりにしがみつくのは嘔吐のため。ocean — by rail [= (a) by train] の対照が絶妙。旅行は今日でこそ楽しいものの一つだが，昔は陸上でも苦しいものであった。乗り物や交通の不便，山賊や野獣の危険などは洋の東西を問わず旅人を苦しめた。travel という語は travail（苦労する）という語と語源を同じくする。

213 Secret — What a woman tells everybody not to tell everybody.

関係代名詞 what は最後の tell の直接目的語。「噂とは，女が，誰にでも話さないようにと，誰にもくぎを刺すことがら」 それでも，'not to tell *everybody*' が部分否定であるがゆえに，ほかの女性に話してしまう。'not to tell *anybody*' とすれば，ほかに広がらない。というのは冗談で，同じ表現の繰り返しによっておかしみを出している。ラテン語起源の secret は「別々に置かれた」（＝お互いに知らない）という意味だが，女性はこれを誤って「分け与えられて」と解釈したらしい。ゆえに，ここだけの話があちこちに分け与えられて，みんなが知るようになる，ということになる。

214 Success — The one unpardonable sin against one's fellows.

「成功：同僚［仲間］に対して犯す，唯一の許しがたい罪」 おれを差し置いてよくも…。

215 Tactic — The ability to make your guests feel at home when you wish they were.

tactic「如才なさ，機転」「来客に，自宅に居れ (at home) ばよいのにと思うときに，くつろいだ気持ち (at home) にさせる能力」 cf. Please make yourself *at home*. （どうぞお楽にしてください） 'when you wish they were (at home)' の省略された（ ）内を字義読みにする。

216 Trouble — What many people are looking for but no

one wants.

look for「求める」[214] と同じく，人間の心理をうがったことば。「もめ事：多くの人が求めているが誰も（自分の身に起きることは）望まないもの」

Witty Sayings

Witty sayings とは，一般には，ぴりっとする気の利いた冗談，皮肉や機知に富んだことば（wisecrack）のことをいう。また，第11章と一部重複するが，パロディーをも含む。

|217| Time and tide wait for no man — but time always stands still for a woman of thirty.

［諺］Time and tide wait for no man.（歳月人を待たず）時間は人の都合に関係なく過ぎて行く。しかし，30歳の女性に対しては，(tide のほうは知らないが) 時間は「じっとしていてくれる (stand still)」女性は結婚するまではいつまでも30歳なのである。

|218| To speed is but human; to get caught, a fine.

speed「スピードを出す」 but = only. fine「罰金」 英国の詩人 Alexander Pope (1688–1744) の有名な句 "To err is human, to forgive, divine."（過つは人の常，赦すは神の業）を下敷きにしたパロディー。「スピードを出すは人の性(さが)，捕まるは罰金」

|219| Second marriage: The triumph of hope over experience.
　　　　　　　　　　　　　　　　　　　　　　　(Dr. Johnson)

「2度目の結婚：経験に対して希望が打ち勝つこと」 Samuel Johnson (1709-84) は英国の詩人・辞書編集者・批評家，通称 Dr. Johnson と呼ぶ。彼の偉いところは，自分の辞書の中で，oats（［単・複］カラスムギ）の定義として "A grain which in England is generally given to horses, but in Scotland supports the people."（イングランドでは通常馬に与えられるが，スコットランドでは人間を養う穀物）と臆することなく記述したことである。彼と知己を得たスコットランド人の James Boswell (1740-95) という人はもっと偉かった。軽蔑されたことに恨みを抱くこともなく，有名な The Life of Samuel Johnson をものした。その伝記文学としてのすばらしさは，後世の人が boswellize（克明に記録する）という単語を誕生させたことによっても推し測ることができる。Boswell は，Dr. Johnson との出会いがなかったなら，後世に名を残すこともなく，一介の弁護士で一生を終わったことだろう。

220 What is mind? No matter. What is matter? Never mind.

心とは何か？「物質ではない／たいしたこと［問題］ではない」物質とは何か？「心ではない／気にするな」 反対語 (mind⇔matter) を用いた両義表現，および修辞学的工夫である倒置反復 (antimetabole: 前の語句と同一の語句または思想を，順序を逆にして反復すること) の使用がみごと。

221 Do not do unto others as you would that they should do unto you. Their tastes may not be the same.

(G. B. Shaw)

「ほかの人たちに対し，自分がその人たちからしてほしいと願うとおりに，その人たちにしてはならない。好みが違うかもしれないから」 第1文は「黄金律（→ [196]）」を古い英語の文体で否定文にしたもの。would that S + V = wish S + V [仮定法を用いる]。George Bernard Shaw (1856-1950) は，アイルランド生まれの英国の劇作家・批評家・小説家，ノーベル文学章受賞；略 GBS。この稀代の皮肉屋は，体格のよい女優から「あなたの知能と私の体を備えた子どもができたらすばらしいでしょうね」と言われたとき，言下に返した，「あなたの知能と私の体を備えた子どもができたら悲惨です」と。彼はまた，英語の綴りと発音の対応性の悪さに業を煮やし，'ghoti' を fish と読むべきだと皮肉った。理由は，lau<u>gh</u>, w<u>o</u>men, na<u>ti</u>on の3語の下線部分の音を結合して発音してみれば分かる（『英米風物資料辞典』開拓社）。もう一つおまけ。ある人が彼に「金曜日に結婚をすると不幸になるというのは本当ですか」と尋ねた。「もちろんです。どうして金曜日だけが例外になるでしょうか」と答えた。

222 Doctors are men who prescribe medicines of which they know little, to cure diseases of which they know less, in human beings of whom they know nothing.

(Voltaire, F. M. A.)

「医者とは自分にほとんど知識のない薬剤を処方する人，薬よりもさらに知識の乏しい病気を治そうとして，人間の何たるかをぜんぜん分かっていないのに」 little, less, nothing の漸減表現に注意。まじめな［格調高い］ことばの直後に滑稽な［尻すぼみな］ことを述べる，いわゆる anticlimax（漸降法）の技巧を用いている。

日本語訳は原文と語順が異なるので，漸降法であることが理解しにくい。この技法は英文に目を凝らして，理解してほしい。'in human beings' は diseases を修飾している。ボルテール (1694-1778) は，フランスの啓蒙思想家・哲学者・歴史家・風刺詩［文］作者・劇作家。"Electric volts are named after Voltaire, who invented electricity." と boner に登場している。電圧の単位 volt は Voltaire ではなく，電池を発明したイタリアの物理学者 Alessandro Volta (1745-1827) に由来する。

223 Fashion is a form of ugliness so intolerable that we have to alter it every six months.　(O. Wilde)

「ファッション：半年ごとに変えねばならぬほど我慢のならない不恰好の一表現形式」 Oscar Wilde (1854-1900) は英国の詩人・小説家・劇作家。

224 There is only one thing in the world worse than being talked about, and that is not being talked about.

(O. Wilde)

There is only one thing in the world (that is) worse than ... と補って読む［that の先行詞は thing］。that is [not being talked about] の [ ] の中が補語。not は '文否定' としてではなく，being talked about［動名詞句：噂されること］を否定する '語否定' (→ [164]) として用いられている。否定しているのは語ではなく句であるから，この名称はおかしい。それで，本例のように特定の語［句，節］のみを否定するものを，Jespersen は特殊否定 (special negation) と呼んでいる。「世の中には人の噂になること

以上に不快なことがただ一つある。人の噂にならないことだ」　人の口の端に上らないということは，だれもその人を相手にしていないということだ。人は誰でも，自分の存在を認めてもらいたいのである。

第10章　ジョークの仕組み：考えの操作

　笑いを生み出すジョークのからくりは主に二つ，滑稽な発想と言語上のトリックであることをみてきた。本章では発想上のからくりを要約しておきたい。奇抜な着想，滑稽な論理，意表をつく表現など，要するに，聞き手の固定観念を破ったり，先入観の裏をかいたりするのがそれである。以下の見出しで示す分類は，もちろん，発想上の仕組みをすべて網羅するものではない。便宜的に幾つかをピックアップしたものであって，複数の項目にまたがるものや，見方によっては別の項目に入れたほうがよいと思われるものもあるだろう。本書は学術書ではないのである。

文脈・論理の逸脱

　読者の期待を裏切ることによって，意外性を生じさせる。

225　What is the most popular answer to schoolteacher's questions?

I don't know.
   Correct.

popular「受けのよい，一般的な」 2行目までの論理の流れが3行目でせき止められる。しかし一瞬おいた後に，再び流れ出したことに，ほっとする。この開放感が笑いを生み出す。2行目が，1行目の〈(a) 質問に対する返事／(b) 質問の答え〉の二様：「知りません（です）」。3行目「正解です，そのとおり」

226　My wife is against four-letter words — like dust, cook, wash ….

against「… に反対で」 four-letter words「四文字語」(通例，4字から成る単語で，排泄や性などに関係がある汚い言葉［卑猥な言葉］ e.g. fuck, piss, shit, damn, etc.) dust「掃除する」 女性が反対する四文字語とは興味深い。'like' でどんな言葉が出てくるのかと期待させておいて，ひょいと身をかわす。

227　Do you believe kissing is unhealthy?
   I couldn't say — I've never ….
   You've never been kissed?
   I've never been sick.

もちろん，奇数行が男のせりふで，偶数行が女性である。I couldn't say（仮定法）を用いているのは，話者の気後れした気持ちを表すため。

228　My wife has the worst memory I ever heard of.
   Forgets everything, eh?

No, remembers everything.

the worst memory I ever heard of「いままで聞いた（こともない）最悪の記憶力」日本語では否定表現が可能。cf. have a bad memory（記憶力が悪い）　eh「[米・カナダ]（同意・確認を促す疑問や聞き直しの発声として）そうじゃない，えっ」(→ [44])。不規則な比較変化に注意：bad — worse — worst; ill も同じく ill — worse — worst と変化する。ゆめ，ill — worse — dead としないように。これはみごとにうっちゃりを食わせる joke だ。

役割入れ替え

役割を入れ替えたり，焦点を転移したりして意外性を生じさせる。

229　Thoughtfulness: Holding the door open for your wife while she carries in a load of groceries.

thoughtfulness「思いやり」　hold(ing) a door open (for sb) [VOC]「(人のために) ドアを手で押さえて開けたままにする (こと)」　carry in「(家の) 中に運び入れる」in は副詞。load「重い荷」grocery「食料雑貨品」　夫と妻の役割が入れ替わっている。

230　A patriot is always ready to lay down your life for his country.

patriot「愛国者」　be ready to 〜「進んで〜する，〜する覚悟である」　lay down「(命など) 捨てる，犠牲にする」　上の文，為政者もしくは指導者の立場に立って読めば，すんなりと頭に入る。A patriot is always ready to lay down *his* life for his country. の *his* の部分が your に置き換えられているところに辛らつな皮肉が読み取れる。声高に愛国を叫ぶお偉いさんたちは戦場に赴かず，黙している者が戦場に狩りだされる。

231 Waiter, there's a fly in my soup.
　　　That's all right. There's no extra charge.

　客はハエの入っているスープを取り替えてもらいたいと思っている。店員はハエをスープのおまけにつけた材料に仕立て，「余分（＝ハエの分）のお代はいただきません」　この種のジョークは 'soup fly jokes' という項目を別立てにできるほど，変種も含めてたくさん作られている。

とんちんかん

232 My brother's wife just had a baby.
　　　Boy or girl?
　　　He didn't say — and now I don't know whether I'm an aunt or an uncle.

　最後は，'I don't know whether the baby is a niece or a nephew.' というべきところ。上のようなばかなことを言うのは，叔父のほうに違いない。叔母（女性）はこのような間抜けなことは言わないからだ。既述した Irish bull である。niece「姪(めい)」

233 How do you do, Mr. Right.
　　　My name's Brown.

That's funny; I've always heard the customer was right.

［諺］The customer is always right.「お客様はいつも正しい」お客様に逆らってはいけないと言われているのに，That's funny とお客様に言うとは何事か。苗字として上(かみ)も下(しも)もある日本。「おはようございます，下(しも)様」—「わしは客だ。カミ様と言え」

皮　肉

234　Gratitude: Something rarely found outside the dictionary.

「感謝の念：辞書以外のところではめったに見られないもの」辞書の中でしか見られないものには，そのほかに，平和，安心，平等，廉恥心，などがある。

235　American tourist in France: Waiter, bring me some of this—see, here on the menu.
　　　Waiter: Madam, the orchestra is playing now.

フランス語が分からない婦人は，間の悪いことに，「本日特別出演○○楽団」とメニューに印刷されていた所を指差してしまった。これが'皮肉'の項に入っているのは，アメリカ人の裕福さをやっかむ下衆(げす)のなせるわざである。

236　The greatest undeveloped territory in the world usually lies under your hat.

the greatest undeveloped territory「もっともすばらしい未開発

地域」 lies under your hat「帽子の下にある」とは「あなたの頭」のこと。「your は，相手を含めた一般の人［総称の you］に解するべきではない。あなた個人，のことである」と注をつければ，このジョークの調子が分かってもらえるだろう。この文の前半（lies まで）は政治家の言のように仰々しい。張りつめていた力が急に抜けて，笑いが生じる。前述（→ [222]）とは趣を異にする anticlimax である。

矛　盾

237　Take Notice: When this sign is under water, this road is impassable.

「注意：この標識板水没のとき，通行不能」 1991 年秋，富士山北麓の西湖の水位が上昇し，この通りの事態が生じた。このような滑稽な矛盾は Irish bull としてすでに見た。

238　A stone coffin should last a man a lifetime.

coffin「棺，ひつぎ」 should ~「~するはずである」 last「（物が）（人に）（…の間）もつ」 lifetime「生涯，一生」副詞として用いられている。e.g. I've got a hangover to *last* me a lifetime.（死ぬまで続きそうな二日酔いだ） 生きている人間に，棺は不要。

比　較

239　The difference between pride and vanity is that we have one and other people have the other.

pride「誇り，自尊心」 vanity「虚栄心，うぬぼれ」 二者の一方を示すときには one を，他方を示すときには the other を用いる。we — one（= pride）／other people — the other（= vanity）という図式になっている。「誇りとうぬぼれの違いは，われわれは一方［前者］を持ち，他の人たちは他方［後者］を持っている，ということだ」 ここで問題になるのは，we には誰が含まれるか，ということである。聞き手（読み手）を除外した，文の書き手とその周辺にいる人たちだけが含まれるとする「除外の we」の読み方をすれば，われわれ（本書の読者と筆者）は other people の範疇に入り，甚だ不愉快である。ジョークを気持ちよく読むためには，やはり，この英文の書き手と読者を含んだ「包括的 we」の読み方が欠かせないであろう。その際，other people に誰が含まれるかは，われわれの知ったことではない。

上例は同義語（synonyms）がもつ含意（connotation），つまり，語の本来の意味から暗示される第二義的［情的］意味の違いを利用した風刺である。次の例は逆に対照的な語を用いて比較を際立たせている。

240 Discussion is an exchange of intelligence; argument is an exchange of ignorance.

「討論は知性のやり取りであり，口論は無知のやり取りである」

突　飛

241　Did you hear about the blonde who changes the baby's diaper only once a month because the label said "good up to 20 pounds"?

　「ラベルに『20ポンドまで使用可』と書いてあったので，赤ん坊のおむつを月に1度しか取り替えないブロンド女のこと聞いた？」ラベルに書いてあったのはおむつの重さではなく，赤ちゃんの体重のこと。女は，おむつの重さが足りないと思っていたらしいが，実はおつむが足りなかった。人気の'blonde jokes'の一つ。

242　Dad, I don't want to go to Australia!
　　　　Shut up and keep digging ....

　父子で地球の裏側まで掘りぬこうという話。このような脳足りんな父子がいることを知って，自分はこの父子よりはましだと思う人がいるだろう。そう思うあなたは幸せであり，一歩 snob に近づいたことになる。ある辞書の定義によれば，"snob = someone who *thinks* they are better than people from a lower social class" であり，"someone who *are* better than people from a lower social class" ではない（斜体字筆者）。他人よりすぐれていると思えることは快であり，この快を得られるがゆえに snob はある意味で幸せなのである。この理屈については「あとがき」を参照されたい。

第11章　ジョークの仕掛け：ことばの操作

　前の章では，ジョークが笑いを生じさせるからくりといえる，意外性（おかしみ・馬鹿ばかしさ・ナンセンス・風刺など）を生み出す考えの操作などについて調べてみた。本章では，そうした内容・考えを運ぶ手段である言葉がどのように操られているか，いわば言語上のトリックを整理してみる。笑いを誘い出すことばの巧みな操り方で最も多いのは，これまで随所に出てきた pun である。もう一つは，音位転換・交差配列・繰り返しなど，言葉の配列によるものであり，ほかにパロディーがある。

[1]　Pun によるもの

　日本語で「ねこに小判」を「下戸にご飯」としゃれることを，語呂合わせ，あるいは地口という。「地口」の「地」は土地の意で江戸をさし，「口」は語呂合わせを意味する上方語，口合(くちあい)のことをいう。要するに，ある文句や成句に対し，似た音や口調を当てて別の意味

の句を作る一種のしゃれのことである。英語では 'pun' という。

　（例）　Give me a sentence using the word 'miniature'.
　　　　　The miniature asleep you begin to snore.

The miniature asleep = The minute you're asleep としゃれている。〈the + 名詞〉が接続詞の働きをする例：The minute = The moment = The instant = As soon as.　e.g. Let me know *the instant* she arrives (= as soon as she arrives).　miniature「ミニチュア」 snore「鼾(いびき)をかく」 類例：「トタンという言葉を使った文を挙げなさい」―「眠ったトタン鼾をかく」 pun を可能にさせるものには，homophone, homonym, metanalysis, idiom などがある。これらを整理してまとめておく。

Homophone （異綴同音異義語）

『広辞苑』で「こうしょう」と読む言葉を調べると，40以上の異なった漢字表記の単語が記載されている。これらはすべて異綴同音異義語である。英語にも異綴同音異義語は多くあり，謎々やジョークの pun（しゃれ）に使われる。数例を挙げる。bear — bare; fair — fare; dew — due; mail — male; scene — seen; sell — cell; steal — steel; way — weigh, etc.

243　What you need is exercise.　You should have a little sun and air.
　　　　Why, I'm not even married.

exercise「運動」 異綴同音異義語（homophones）［sun — son; air — heir（跡取り）］を利用している。cf. a son and heir（跡取り

息子) Why「《間投詞》［抗議・反駁・反対などを表して］なんだって，でも，だって」

244 What is the name of the inventor of the steam engine?

'?' を取り除けば平叙文であり，それがそのまま答えとなっている。ただし，What (Watt) は英式発音 [wɔt] で。James Watt (1736-1819) は蒸気機関を改良したスコットランドの機械技師。

245 Why is a man who never bets as bad as a gambler?
Because he is no better.

bet「金を賭ける」〈as bad as ...（... と同じ）〉= 〈no better than ...（... も同然）〉なので，1行目後半と2行目が符合する。類似のパラフレーズは as little as, as few as = no more than; as much as, as may as = no less than に見られる。e.g. He is no better than an idiot.（白痴同然だ） better (good の比較級) は異綴同音異義語の bettor（賭けをする人）としゃれを構成。no bettor のほうは1行目前半の a man who never bets と符合する。「まったく賭けをしない人が，ギャンブラー同然だとなぜ言えるのか」—「(a) ギャンブラーと選ぶところがない（= 同然だ）から／(b) no bettor（賭けをしない人）だから」の両義。見事なしゃれである。

Homonym（同綴同音異義語）

homonym は homophone と異なり，綴りは同じで異なった意味を持つものをいう。つまり，多義語である。e.g. bear（熊—運

ぶ); corn (穀粒―(足の)うおのめ); ear (耳―(麦などの)穂); fair (縁日―色白の); pupil (生徒―ひとみ); spring (泉―ばね), etc.

246 Why may carpenters believe there is no such thing as stone?
　　　They never saw it.

　「大工が石材とかいったものなどないと思っているらしいが，なぜ？」―「切ったこともなければ見たこともない」 stone「[物質名詞]（岩石を構成する）石」 同綴同音異義語 saw を，(a)「...をのこぎりで切る」と (b)「see の過去形」の両義に。cf. I never saw a saw saw a saw.（のこぎりがのこぎりを切るのを見たことはない） なお，「見込み・可能性」を表す may は，疑問文では，疑問詞とともに用いられる傾向が強い。e.g. *When may* we expect delivery?（いつ配達してもらえますか？）

247 Why was Pharaoh's daughter like a broker?
　　　Because she got a little prophet from the rushes on the banks.

　Pharaoh「ファラオ」古代エジプト王の称号。聖書の記述によれば，王の娘が葦の茂るナイルの川岸から赤子を拾い上げた。この子がのちにエジプトで奴隷の身であったイスラエル人を導き出した預言者モーセ（Moses）である（《聖書》出エジプト記第 2 章）。broker「仲買人」 次の 3 語が両義である。prophet（預言者／利益 (profit)); rush（イグサ／注文の殺到); bank（川岸／銀行)。「川岸の葦から幼い預言者を得た／銀行への注文の殺到からちょっとした利益を得た」 rush は葦 (reed) ではないが，ここは大目に見る。

Metanalysis（異分析）

異分析のことは先に何度か触れたが、章を改めたのでもう一度おさらいしておく。

"I have ventured to coin the word 'metanalysis' for the phenomenon frequent in all languages that ...."（私は...という、すべての言語にひんぱんに見られる言語現象に充てるために、metanalysis という新語を思い切って造り出した）(*MEG* II, 5.6) と述べられているように、metanalysis は Jespersen が造り出した語 (coinage) である。これは本来、単語の歴史的変化（→ [187]）を説明するための用語であったが、Jespersen も述べているように、英語ばかりでなくすべての言語に生じる現象である。日本語も例外ではなく、例の「弁慶ぎなた式」あるいは「ぎなた読み」（「べんけいは、なぎなたをもって」を、「べんけいはな、ぎなたをもって」と読むような、間の抜けた読み違い）に見られる。異分析とは、上のように、語または語群の正しい境界を識別しそこねたり、そのように切り離された語の一部が隣接語に添加されたりして、本来とは異なった分析をしてしまうことをいう。こうした現象を意図的に利用したことば遊びやジョークは非常に多い。

248 Why is a fish dealer never generous?
His business makes him selfish.

謎々で用いられた例である。dealer「販売人」 generous「寛大な、気前のよい」 2行目：「(a) 商売柄利己的になる／(b)［... makes him sell fish と異分析］商売のため魚を売らなければならない」

249 There's surely one great advantage in these short skirts. Yes?
They make it so much easier for the dear girls to get up stares.

advantage「好都合,メリット」 Yes?「(相手の話の先を促して)そう,それで」〈S make it ... for (sb) to ～〉[SVOC の文型: it は形式目的語]「S は(人)が～するのを...にする; S のおかげ[理由]で(人)が～するのは...だ」e.g. What *makes it* difficult *for* you *to* tell it to him?(君がそれを彼に話すのはなぜ困難なのか) get up「起こす」 stare「凝視,じっと見ること」 get up stares([男たちの]目を引く)を get upstairs(階段を上る)と異分析。「男たちの目を引きやすい／女の子が階段を上りやすい」

上に述べた仕掛けを総動員している例を見てみよう。

250 He mustered his soldiers to pepper the enemy in salt.

この例には homophone, homonym, metanalysis の三つが用いられている。mustered(集めた)— mustard(カラシをつける[名詞を動詞に使った])が homophones; pepper((a) 胡椒をかける — (b) (弾丸を)浴びせる)が homonym; in salt(塩づけにして)— insult(侮辱(する))が,やや不完全ながら, metanalysis となっている。「彼は兵士たちにカラシをつけて,敵を塩の中に胡椒づけにした／彼は兵を集めて,敵に猛烈な侮辱を浴びせた」 to pepper the enemy in salt = to pepper the enemy insult [VOO] と強引に読ませる。不定詞は「結果」を表す。ここまで来るともはやジョークの域を出て,ことば遊びになっている。

イディオム読み vs 字義読み

251 Inflation is so bad that money doesn't really talk, it just goes without saying.

[諺] Money talks.（金がものを言う） go without saying「〈イディオム読み〉言うまでもない／〈字義読み〉（金は）何も言わずに出て行く」 身にしみる。

252 Did you thank Mrs. White for the lovely party she gave?
No, mommy, I didn't. The girl leaving just before me thanked her and Mrs. White said, "Don't mention it," so I didn't.

lovely「すてきな, 楽しい」 mommy = mammy「[小児語] おかあちゃん」 The girl leaving just before me「White おばちゃんの家を出ようとしていたぼくのすぐ前のお姉ちゃん」 Don't mention it.「〈慣用表現〉どういたしまして／〈字義読み〉それを言わないで」 子どもは人の言葉の裏を読まないから, 当然, 額面どおり受け取った。

記号読み

253 What coin doubles its value when half is reduced?
A half dollar.

double「...を 2 倍にする」 reduce「減じる」 答え（2 行目）

の "A half dollar" から half を取り去 (reduce) れば "a dollar"（1 ドル）となって，a half dollar の 2 倍になる。half は単なる記号にすぎない。1 行目:「(a)（価値を）半減してやると／(b) half を取り去ると，価値が 2 倍になるコインは？」

254 What is the capital of Portugal?
P.

capital「大文字，頭文字／首都」の両義。常識的には Lisbon が答えになるが，それではジョークにならない。Portugal を記号として捉えて，意表をついた答えにした。

両義構文

255 There were three men in a boat with four cigarettes but no matches. What did they do?
They threw out one cigarette, and made the boat a cigarette lighter.

第 1 文:「タバコを 4 本持っているがマッチを持っていない男が 3 人ボートに乗っていた」(they) made the boat a cigarette lighter.「(a)（マッチがなかったので）ボートにライターを作ってやった [SVOO]／(b)（タバコを 1 本捨てて以前よりも）ボートをタバコ 1 本分軽くしてやった [SVOC]」の両義構文 (amphibology)。後者の読みでは a cigarette は「程度」を表す副詞で，lighter ［形容詞・比較級］を修飾。

[2] ことばの配列によるもの

対照的な言葉を用いたり，同じ語句を繰り返し用いたり，言葉の配置に工夫をこらしたりすることによって面白さを生じさせる。

反意語 (Antonym)

256 Money — The mint makes it first and it's up to us to make it last.

mint「造幣局」 up to ...「...の義務で；次第で」 last「長持ちする」 first（まず）⇔ last

257 Nuclear war — Something for nations to think about. It won't determine who is right — only who is left.

Something for nations to think about「諸国家がよく考えるべき事柄」 determine「決定する」 left は両義：「(a) 左／(b) 残されて [leave の過去分詞]」。right が用いられたので，当然次に来るのは反対語の wrong だと予想する。それが思いがけず left の出現で読者はとまどい，この語を文脈に沿うように再解釈する。「下降的不調和」の典型的な例といえる。これは，意識が大きな事柄から小さい事柄へ思いがけなく移行させられたときに笑いが生じる，という理論で，英国の哲学者 Herbert Spencer (1820-1903) が唱えた（河盛好蔵『エスプリとユーモア』岩波書店）。

われわれは「反意語」という言葉をあいまいに用いている。反意

語は，反対関係が成立する条件や視点によって3種類に分けられるようである。これまで，いちいちの例でそのつど指摘はしなかったが，『コンサイス英文法辞典』に従って，ここでまとめておく。

 (1) 相補的対立：一方が否定されれば必ず他方が含意される (pass — fail; dead — alive)。

 (2) 段階的対立：一方を否定しても必ずしも他方を意味しない (hot — cold; high — low)。

 (3) 関係的対立：一方が成立すれば同時に他方も生じる (husband — wife; buy — sell)。

husband と wife を敵対的対立と見たい向きもあるが，それは，おおむね，ジョークで分類した場合である。

繰り返し

258 Love — The feeling that makes a woman make a man make a fool of himself.

make を繰り返し用いておどけている。使役動詞として用いられているのは最初の2回。make a fool of oneself「ばかなまねをして笑い者になる」「恋心：女からどうしてもバカなまねをするようにさせられてしまうような(男の)感情」 "Love is a misunderstanding between a man and a woman." と定義した人もいる。

259 Man — One who wishes he were as wise as he thinks his wife thinks he is.

次の二つのフレーズを，( )を無視して考えることがヒントに

なる。(1) as wise as (he thinks) his wife thinks he is／(2) as wise as he thinks (his wife thinks) he is.

音位転換 (Metathesis)

260 What is the difference between a doormat and a bottle of medicine?
One's taken up and shaken and the other's shaken up and taken.

「ドアマットと薬瓶との違いは何か」—「一方は取り上げてからよく振り，もう一方は振って混ぜてから飲む」 shake up …「…をよく振って混ぜる」'What is the difference between A and B?' は謎々によく使われる表現であり，その心（なぞの答え）に metathesis（音位［字位］転換）を利用したものである。

「音位転換」とは（茶まが）＜（茶がま）等にみられるように，狭義には，1単語中の隣接する2音が交替する現象を指し，広義には，同一文内における隣接していない音，音節，語等の2要素の交替を指す（e.g. animal→a*min*al; Bill and Jean→B*ean* and J*ill*; slice the salami with a knife→slice the *knife* with a *salami*）。本例では *t*aken—*sh*aken に見られる。音位転換は，言いまちがいや滑稽な効果をねらう場合にみられるが，中には固定化してしまったものがある。例: あらたし→あたらし。

上に挙げた〈Bill and Jean→B*ean* and J*ill*〉は metathesis だが，〈Bill and Jean→*J*ill and *B*ean〉となる音位転換もあり，こちらのほうは spoonerism（頭音転換）と呼ばれる。

spoonerism「スプーナー語法（2語の語頭音が位置を交換すること）」とはオックスフォード大学 New College の学長 W. A. Spooner (1844–1930) に由来する用語である。彼は，たとえば，a crushing blow（破壊的な一撃）を a blushing crow（顔を赤らめるカラス）に，well-oiled bicycle（十分に油を差した自転車）を well-boiled icicle（十分ゆでたつらら）に言い間違えたことが，しばしばあった。懲りない彼は "Make tea." と言うのを，あやまって "Take me." と言ったために，相手の婦人と結婚しなければならなくなったと伝えられている。映画『男はつらいよ』シリーズの中で，団子屋の主人が姪（名前はさくら）に向かって，「まくら，さくらを持ってきてくれ」と言っているシーンが，一度ならずあった。筆者が実際にテレビで見た例だが，あるアナウンサーが「だいじょゆう（大女優）」と言うべきところを「だいよじゅう」と言ってしまって周りの失笑を買っていた。決して珍しくはない現象である。「あの女の人きれいだね，しろもいろいし」と言うくらいになれば，スプーナー先生並みである。

　[260] のような謎々の答えに交差配列を織りこんだものもある。

　　What is the difference between a jeweler and a jailer?
　　One sells watches, the other watches cells.

jailer「看守」　watch（は homonym で）「時計／見張る，監視する」の両義。cell「（刑務所の）独房」

交差配列 (Chiasmus)

261　Good judgment comes from experience, and experience

comes from bad judgment.

文の後半部を前半部の真下に置くと，同一語（judgment と experience）が交差していることが分かる。ギリシャ文字 χ (chi) のような形を呈するために，*khiasmos*（= placing crosswise）から，この名称がつくられた。上例では警句とジョークは紙一重であることが分かる。前半部は［諺］Experience is the mother of wisdom.（経験は知恵の母）を思い起こさせる。

262 Nowadays the rising generation retires when the retiring generation rises.

nowadays「今日では」 rising generation「青年（層）」 retire「床に就く，寝る」 retiring「隠居の」 rise「（夜の眠りから覚めて）起きる，起床する」 retire と rise の反対語を巧みに用いている。朝帰りの青年と早起きの老人の鉢合わせを意味するものではない。その他，"A tiger eating a man must be a man-eating tiger." というのもある。

[3] パロディー・もじり

パロディー（parody）とは，人口に膾炙された言い回しや先人の有名句をもじったり，ひねったりして風刺することである。ギリシャ語由来の「接頭辞 para-（…のそばに，と並んで，の近くに，を超えて）」+「ode（歌）」が語源である。

263 The noblest of all dogs is the hotdog because it feeds the hand that bites it.

　noble「りっぱな，崇高な」 because it feeds the hand that bites it「ホットドッグは自分に嚙みつく手に餌を与えるから」〈bite the hand that feeds one〉(自分を養ってくれる人の手に嚙みつく；恩をあだで返す)という常套句の下線部の語を入れ替えて，パロディーに仕立てた。

264　A friend who isn't in need is a friend indeed.

　「困っていない友こそ(当方が面倒をかけられることはないので)真の友」 need「窮地，貧困」 indeed「《副詞》本当に，たしかに」[諺] A friend in need is a friend indeed.(まさかの時の友こそ真の友)をもじったもの。この諺の A friend in need の部分は (a) A friend (who is) in need／(b) A friend (when you are) in need の両義に解されるが，事の道理からして (b) の意味が正しい。[264]と諺とでは，どちらのほうが核心をついているだろうか。

265　Fools rush in where people are crowded.

　「愚か者は人が集まっている所に殺到する」 'Fools rush in where angels fear to tread.'(天使も足を踏み入れるのをはばかる場所に，愚か者は飛び込む—馬鹿は怖いもの知らず)をもじったもの。この句はそのまま歌詞の一部に引用されたり，句の一部が小説の題名にされたりするほどに有名な Alexander Pope (既出) の句。もじり表現のほうは野次馬根性を皮肉っているのだろうが，好奇心がなくなれば，賢い者でも時代について行けなくなるので，これは Pope をしのぐ警句といっていいだろう。

Wellerism

およそ文人と呼ばれる人たちは,ことばを操る達人であるから,ことばに託して,作品の中に密かに,自分の遊び心を忍ばせる者がいても不思議ではない。ディケンズの作品に登場する Sam Weller なる人物は,連想語をしゃれにして口にするのが大好きだった。彼にちなんで名づけられた 'Wellerism' とは,伝達動詞 say を境にして,前後に関連する言葉(縁語)を使用し,そのどれかをしゃれてみせることである。

266 I guess he'll re-wive, as the gentleman said when his friend fainted away at his wife's funeral.

「彼は re-wive すると思うよ,紳士は友人が細君の葬儀で失神したときそのように言った」発音が似ているため,re-wive(再婚する←funeral から連想)を revive(生き返る=息を吹き返す←fainted away から連想)に引っ掛けた。re-wive は臨時語(nonce word)で「再び妻をめとる」の意味になることは,だいたい類推できる。as は前の文を先行詞とする関係代名詞:「そのように(言ったとさ)」。

267 My tale is ended, as the tadpole said when he turned into a frog.

「おたまじゃくしが蛙になったとき言ったもんだ,私の[話/尻尾]は終わりだ,なんちゃって」 tail(←おたまじゃくしから連想)と tale は異綴同音異義語(homophones)。into「変化の結果」を表す。e.g. the change of water *into* steam(水の蒸発)

268 Ere we go, as the earwig said when it fell off the wall.

earwig「ハサミムシ」 先頭部は (a) Ere we go (われわれが行く前に)[《古》Ere = before]／(b) 'Ere we go (= Here we go.「さあ,行こう;さあ,始めるぞ」)の両義に解釈できる。(b) の解釈は,この原文が書かれた当初から一点一画まちがいなく伝えられたものであれば,捨てなければならない。しかし,おたまじゃくしの尻尾でさえ消えるのである。文字の省略を表す apostrophe (')なぞ,見た目はゴミみたいなもの。繰り返し孫引きされているうちに,いつのまにか雲隠れしてしまうこと無きにしも非ずだ。また,earwig の発音により近いのは (b) のほうである。それで,可能性として,(b) を示した。

これが Wellerism である理由がわれわれ日本人には分からない。そのためには次の疑問を解かねばならない。earwig は他の虫ではいけないのか。落ちるのが壁ではなくて,木や屋根からではいけないのか。上例を仔細に調べてみると,[266],[267] と同じく,said の前後で関連語 (earwig—wall) を用いていることが分かる。次のように考えることができる。earwig は夜行性の昆虫で,人の耳から中に入って害をなす,という迷信がある。また,earwig には「聞き耳をたてる [盗み聞きをする] 人」という意味がある。ここで連想するのは「壁に耳あり」(英語の諺: Walls have ears.) ということわざである。earwig は盗み聞きしようと,壁の耳から中に入ろうとしたのに間違いない。以上により,上記 (a),(b) のいずれに解するとしても,Wellerism として成立していることが分かる。

Tom Swifties

　次のように，被伝達部の内容やそこで用いられている単語に関連づけて伝達動詞を修飾する副詞（句）を用いるしゃれもある。次の［269］，［270］では副詞が被伝達部の意味と密接に関係しており，このような例を Tom Swifties という。少年向きの米国の冒険小説 *Tom Swift* シリーズによくみられる語り口から命名された。

269　"I know who turned off the lights," Tom hinted darkly.

「『誰が明かりを消したか知ってるぜ』とトムは陰気にほのめかした」

270　"Press your own shirt!" she declared ironically.

「『ご自分のシャツにアイロンをかけたら？』と彼女は皮肉たっぷりに言い放った」　press（＝iron）と ironically が縁語。

271　"I'm wearing my wedding ring," said Tom with abandon.

「『僕は結婚指輪をはめてるよ』とトムは諦めたように言った」with abandon＝with a band on（指輪をはめて）と異分析。この band「（厚みが一様の）指輪（＝ring）」が wedding ring と縁語。abandon（断念する）は一時的に名詞に用いたもの。

272　"The number of people not attending class today really bothers me," said the professor absent-mindedly.

「『今日の講義に出席していない学生の数には全く困ったもんだ』

と教授はうっかり言った」 professor と absent-mindedly は縁語であり，absent = not attending である。

273 "We had trouble with the propulsion systems for those moon flights," said the NASA engineer apologetically.

「『例の月旅行に関しては，ロケットの推進システムにトラブルがあった』と NASA のエンジニアが申し訳なさそうに言った」 moon flights と apologetically（Apollo: 米国の月飛行用有人宇宙船）が縁語。

ほかに，"Fully care cowards Toby comb Ms. Naught." とか，'老婆は一日にして成らず' とかいったような，バイリンガル・パロディーというものがある。注釈は不要だろう。

第12章　**アホリズム**

　人間や物事の本質，人生・社会などについての真理を，簡潔に，また鋭く表現した警句のことを 'aphorism' という。日本語でもアフォリズムとして通用している。これを jokingly にアホリズムと呼ぶことにする。プラットフォームをプラットホームといい，サイフォンをサイホンという前例もある。以下のアホリズムは http://www.worldofquotes.com から採録した。

じんせい

274　Giving birth is like taking your lower lip and forcing it over your head.　(Carol Burnett)

　Carol Burnett (1933-　) は米国のテレビ・映画・舞台女優，歌手，コメディアン。「出産（の痛さ）は，下唇を手でむりやり引っ張って頭にかぶせることに似ているのです」3度の結婚歴があり，3人の娘を出産した経験にもとづいての感想だろう。有名な文句らし

く，俳優 Bill Cosby (1937-) は *Fatherhood* の中で，妻の出産に立ち会ったときの様子を面白おかしく描写しているくだりで，上の句を引き合いに出している。

275 Just when I discovered the meaning of life, it changed.
(George Carlin)

George Carlin (1937-) は米国のグラミー賞受賞コメディアン，俳優，著述家。「人生の意味を発見したちょうどそのとき，人生が変化した」朝(あした)に道を聞き，夕べに死にそこなった例。

Carlin 氏のように幾度となく人生の意味を求める人がいる一方で，次のように，人生に意味などないと断ずる人もいる。

276 The fact that life has no meaning is a reason to live—moreover, the only one. (Emil Cioran)

Emil Cioran (1911-1995) はルーマニアの哲学者，著述家。「人生には意味がないという事実こそが生きる理由，しかも唯一の理由なのだ」彼が24歳頃に母親から「お前がそれほど不幸になると分かっていたら，堕胎していただろうに」と言われた。狼狽することはなかったが，その言葉は彼の心に深くきざまれ，存在の本質について深く考えるきっかけとなった。後年，次のように語ったといわれる。

"I'm simply an accident. Why take it all so seriously?"
（私が存在しているのは全くの偶然だ。なぜそれほど深刻に考えなければならないのか？）

it「（既知の，または既出の抽象概念を指して）それは，それを；物事全般」e.g. *It* all started with Adam and Eve.（すべて事は遠い

昔に始まったのだ）

しごと

277 I suppose I have a highly developed capacity for self-delusion, so it's no problem for me to believe that I'm somebody else.　(Daniel Day-Lewis)

　Daniel Day-Lewis (1957-) は英国生まれ，アカデミー主演男優賞受賞俳優。「私は自己欺瞞の能力を相当程度身につけたと思う。自分を赤の他人だと思いこむのはなんでもない」これは詐欺師のことばではない。詐欺師は他人を欺くために自分が他者になりきる確信犯だが，この言葉を語ったのは詐欺師ではない。れっきとした俳優である。父は桂冠詩人 (poet laureate) の Cecil Day-Lewis, 母はユダヤ人女優 Jill Balcon で申し分のない血筋である。ロンドンのグリニッジに住んでいた子どものころ，ユダヤ人であることと'お上品ぶり'とで悪童たちからいじめに遭い，奮起してロンドン訛りと悪ガキたちのしぐさやそぶりをマスターし，与太って歩いた。それが高じて目に余るものとなり，親から全寮制の学校に入れられた。11歳ごろの話である。彼の経歴を調べると「俳優」という言葉がぴったりと当てはまる。「俳」は一筋に歩かず，コースを踏みはずしてさまようことを意味する。「優」は，優雅な芸をしてみせる人。

278 Work is the greatest thing in the world, so we should always save some of it for tomorrow.　(Don Herold)

　Don Herold (1889-1966) は米国のユーモリスト，作家，漫画家。

「仕事はこの世でもっともすばらしいものだ。ゆえに，その幾分かを明日のために必ずとっておくべきだ」 先輩たちがこの勧めに従って残した仕事のために，今日の一部の勤労者は残業に追いまくられている。(それとも，きょう仕事をしないためのまことしやかな言い訳？)

|279| It's hard enough to be alive and human, without the additional burden of being me.　(Ashleigh Brilliant)

Ashleigh Brilliant (1933-) は英国生まれ，米国の文筆家・漫画家。「人間らしく生きるだけでも難しいのだ，自分のままであるというもう一つの重荷がなくても」〈enough … without (〜ing)〉は慣用表現。e.g. I have *enough* to worry about *without* listening to your complaints. (心配しなくてはならないことがもう十分あるんだから君の不平など聞いていられないんだ)／My mistake was embarrassing *enough without* having you rub it in. (あなたから何べんも言われるまでもなく私の過失は困ったものだと百も承知していた)(『新編英和活用大辞典』より)

あやまち

|280| A common mistake that people make when trying to design something completely foolproof is to underestimate the ingenuity of complete fools.　(Douglas Adams)

Douglas Adams (1952-2001) は英国の小説家，劇作家，左利きのギタリスト・作曲家。「ぜったい故障しないものをデザインしよ

うとする際によく犯してしまう間違いは，(あれこれ弄(いじ)くりまわして壊してしまう) 申し分のないばか者どもの器用さを過小評価することだ」 よく引用されることばである。completely foolproof と complete fools とを対照的に用いているところが面白い。-proof 「《接尾辞》... に安全な，... にも扱える」e.g. a fool*proof* camera (全自動式カメラ)

281 Each of us, face to face with other men, is clothed with some sort of dignity, but we know only too well all the unspeakable things that go on in the heart.　(Luigi Pirandello)

　Luigi Pirandello (1867-1936) はイタリアの劇作家・小説家，ノーベル文学賞受賞。「われわれ各人は他人と向き合うとき，何らかの威厳をまとっている。だが，心の中では，口にすることのできないようなことがいっぱい渦巻いていることは，十分承知しているのだ」 いやなことを言ってくれたものだ。心を見透かされているようではないか。

282 An apology? Bah! Disgusting! Cowardly! Beneath the dignity of any gentleman, however wrong he might be.
　　　　　　　　　　　　　　　　　　　(Baroness Orczy)

　Baroness Orczy (1865-1947) はハンガリー生まれ，英国の女流小説家・劇作家，画家。「謝罪ですって？ ふん！ 胸くそのわるい！ 意気地のないこと！ どんなに間違っていたって紳士たるものの沽券にかかわるわ」 女性にここまで言われて，それでも謝る勇気があるだろうか。ワグナーやリストなどと親交があった作曲家・指揮者の Orczy 男爵の独り娘にして言えることばである。

283 I never apologize! (G. B. Shaw)

GBS は 42 歳のころ結婚している。本当に夫人に'おれが悪かった'と言ったことがないのか，はなはだ疑わしい。cf. apologize = to say that you are sorry for doing sth wrong. (*OALD*)　話は別だが，彼は筆まめな人であった。各界の著名人と文通し，生涯に 25 万通以上の手紙を書いたといわれている。しまいには，寄付を要求するものを含め，押し寄せる手紙に手も足も出なくなり，新聞広告で何度も一括して返事をする羽目になった。文面は apology とはほど遠く，堂々たるものである。

かねもち

284 Anger is an expensive luxury in which only men of a certain income can indulge. (George William Curtis)

George William Curtis (1824–92) は米国の著述家，編集者，講演家。「怒りは，ある程度の（かなりの）収入がある者だけがほしいままにできる，費用のかかるぜいたくだ」　金持ちはほとんどの場合，同時に地位も高い。思いどおりにならないとき，その高い地位にまかせて周囲に当り散らすことができる。怒りに任せた愚行で相手に損害が生じたとしても，埋め合わせができる。貧乏人にはそれができない。貧乏人には怒るだけのプライドも金もないのだ。貧乏人はジョークをとばす勇気もないし，仮に金持ちと同じ冗談を言っても受けないのである。金持ちはへたなジョークでも笑ってもらえる。

第12章 アホリズム　165

285　A rich man's joke is always funny.

(Thomas Edward Brown)

　Thomas Edward Brown (1830–97) は英国マン島出身の詩人，神学者。彼が学んだ Oxford 大学の Christ Church College には，貴族や名士の子弟がおおく進学した。家が貧乏で 10 人兄弟の 6 番目の彼は，教授 (fellows) の下働きをすることで学費の免除を受ける学生 (servitor) だった。優秀な学生だったが，心に負った屈辱感は生涯癒されなかったようである。

286　About the only thing we have left that actually discriminates in favor of the plain people is the stork.

(Kin Hubbard)

　Kin Hubbard (1868–1930) は米国の漫画家，ジャーナリスト．関係詞節を積み重ねた，いわゆる二重制限関係詞節を含む文である。その構造を示せば，[the only thing [we have left]] that actually discriminates in favor of the plain people となる。二番目の関係詞節 [that 以下] が「先行詞＋第一関係詞節」全体を先行詞としている点に注意すべきである。また，第一関係詞節〈we have left〉が現在完了ではなく，経験受動態の〈have O ～en〉[O は関係詞で，省略されている] であることも見逃してはならない。about＝almost.　discriminate in favor of ...「...を有利に扱う，えこひいきする」「庶民に残されていて庶民を実際にひいき目に見てくれる唯一といえるものはコウノトリである」　貧乏人の子沢山は，コウノトリのえこひいきによる。Hubbard 氏によるものをあと二つ。

287　Nobody can be as agreeable as an uninvited guest.

「招待リストにもれた客ほど好ましい者はいない」 客をもてなすことが如何に大変なことかを理解している人の弁。新論語：招かざる客あり，また愉しからずや。

288 A bee is never as busy as it seems; it's just that it can't buzz any slower.

「ミツバチは見かけほど忙しくはない。あれ以上にゆっくりと翅(はね)を動かせないだけだ」

289 When a man tells you that he got rich through hard work, ask him whose?（Don Marquis）

Don Marquis (1878-1937) は米国の詩人，コラムニスト，劇作家，ユーモリスト。「刻苦精励によって私は裕福になった，という者に言ってやるがよい，誰の刻苦精励かと」 会社のお偉方は，社内外を飛び回っている部下や，現場で汗を流している社員やパート労働者のおかげであることを，肝に銘ずるべきだ。Marquis 氏は，自分の詩は「Archy というゴキブリがタイプライターのキーの上を飛び跳ねて印字されてできたものだ」と言う。そうであれば，Marquis 氏自身が自問すべきことでもある。

290 A rich man is either a scoundrel or the heir of a scoundrel.（スペインの諺）

「金持ちはおのれが悪党か，悪党の跡継ぎかのどちらかだ」 この世の中，裏でなにか不埒なことをやらなければ，金など貯まるはずがない。金持ちをやっかんだ貧乏人の負け惜しみの言。こうでも言わなければ，腹の虫がおさまらない。しかし，富者からは「金持ち

喧嘩せず，勝手にほざいていろ。負け犬の遠吠えだ」と，あっさりいなされるだろう。

ぜいきん

291 Rich bachelors should be heavily taxed. It is not fair that some men should be happier than others.

(Oscar Wilde)

「裕福な独身男性には重税を課すべきだ。ある者が他の者より幸せであるのは公平ではない」 独身者は日本では貴族である。bachelors が happy である理由はすでに学んだ。貴族税よし，幸福税よし，女難回避税よし，いかなる名目をつけてでも彼らから誅求するよう，国税庁はもっと工夫すべきである。

292 The way taxes are, you might as well marry for love.

(Joe E. Lewis)

Joe E. Lewis (1902-71) は米国の喜劇俳優，歌手。「諸税のありかたから判断すると，愛のために結婚したほうがましだ」 Lewis 氏は，税務署に持って行かれる金に対し，税務署への恨み辛みを述べ立ててみせてから，「これらの税のあり方からすれば，金目当ての結婚をしたほうがましだ (The way taxes are, you might as well marry for money.)」を聴衆に期待させ，土壇場で下線部を 'for love' に変えて肩透かしを食わせた。The way …「[S + V が後続するので接続詞とみなす] …から判断すれば」 might as well ～「～したほうがましである」 marry (sb) for love「(人と) 愛のために [愛情で] 結婚する」

どうとく

293 Wickedness is a myth invented by good people to account for the curious attraction of others. (Oscar Wilde)

　wickedness「不道徳(な行状),邪悪な行為」 myth「(ある社会制度を正当化するためなどの)根拠のない社会通念,でっちあげ(＝an idea or story that many people believe, but which is not true (*LAAD*))」 account for ...「...を説明する」 curious「好奇心をそそる,不思議な」 attraction「(人・心・興味を)引きつける力;(性的)魅力;誘惑(《反》repulsion)」 others とは邪悪なことを行う人間のこと。「邪悪な行為とは,好奇心をそそるような他人の魅力を説明するために,善人がでっちあげた社会通念のことである」

　ワイルドの時代で wickedness といっても,せいぜい道徳的不品行にとどまっていただろう。今日では,万引き・盗み,横領・賄賂,同棲・姦淫・婚前交渉などは wickedness の範疇には入らない。文中の good people の規準が低下しているからだ。このアホリズムを理解するには,メディアで騒がれるような猟奇事件を考えることが必要だ。ちなみに,Wild は同性愛者で刑務所生活をしたことがある。

294 I can resist anything except temptation. (Oscar Wilde)

　「私は,誘惑以外は何でも抵抗できる」 彼のこの言葉はあやしい。富豪の娘と結婚し二人の息子をもうけた彼が,奥さんに抵抗できたか疑問だ。

ものはかんがえよう

295 Don't worry about the world coming to an end today. It's already tomorrow in Australia.　(Charles Schulz)

　Charles Schulz（1922-2000）は米国の漫画家。スヌーピーなどで有名。「世界が今日終りを迎えるなどと心配召さるな。オーストラリアではすでに明日なのだ」　オーストラリアよりも日付変更線（the international date line）に近いのはフィジー諸島。

296　If there was less sympathy in the world, there would be less trouble in the world.　(Oscar Wilde)

　「世の中にもっと思いやりが少なかったら，トラブルは少ないのだが」　パラドックスである。お互いに無関心であればトラブルは起こらない，という論理。

297　If I had no sense of humor, I would long ago have committed suicide.　(Mahatma Gandhi)

　Mahatma Gandhi（1869-1948）は，インドの政治指導者・民族主義者・社会改革者。非暴力的抵抗を貫いたインド建国の父。「私にユーモアのセンスがなかったら，とっくの昔に自殺していただろう」　彼に押し寄せた圧力や危険，ストレスや苦悩は，凡人には想像できないものがあったであろう。ジョークを愛するわれわれが，ガンジーと同列に置いてもらえるのは光栄この上ない。

298　If it has four legs and is not a chair, has wings and is not an aeroplane, or swims and is not a submarine, the Cantonese will eat it.　(Prince Philip, Duke of Edinburgh)

　Prince Philip, Duke of Edinburgh (1921-　) は，英国エリザベス女王の夫君，ケンブリッジ大，エディンバラ大の名誉総長。環境問題に関心を持つ。「4本の脚があって椅子でなければ，翼があって飛行機でなければ，泳ぐけれども潜水艦でなければ，広東人はそれを食べるのです」　中国の広東人は何でも食べることで有名。

　エディンバラ公は，公式訪問の先々でジョークをとばすことで知られている。たとえば，英国のブレア首相夫人のスピーチを聞いていて，「あの口から手紙を投函できそうだね」と言ったり，ある学校で宇宙飛行士を夢見ている肥満気味の13歳の少年に，「もう少し体重を落とす必要があるね (You could do with losing a bit of weight.)」と言ったりした。ケニヤ訪問中，市民から贈り物を受け取った後のことば: "You are a woman, aren't you?" また，ナイジェリアの大統領が伝統的な民族衣装で現れたとき，こう言った。"You look like you're ready for bed!"

299　All say, 'How hard it is that we have to die'—a strange complaint to come from the mouths of people who have had to live.　(Mark Twain)

　「死ななければならないのはなんと辛いことだろう，とみんなが言う。今まで生きてこなければならなかった者たちの口から出るにしては，まったく腑に落ちない泣き言だ」　人生は大変だ，つらい，苦しい，厳しい，世知辛い，無情だ，厄介だというのなら，死ぬのはその反対のはずだ，とMT先生はおっしゃる。have to の繰り返しが効果的。

おとことおんな

300 Women and cats do as they damned well please, and men and dogs had best learn to live with it.

(Alan Holbrook)

「女とネコは好きなようにふるまう。ゆえに，男とイヌはそれを受け入れるのがいちばんだ」 夫婦が仲良くやっていく秘訣。否も応もない。これが真理であり，世の中の真実なのである。Mr. Holbrook のように早々と白旗を揚げたほうが勝ちだ。had best ～「～するのが一番いい」e.g. You *had best* cooperate with the police. (警察に協力するのがいちばんよい)　damn well「[動詞の直前] 確かに，きっと」e.g. Say what you *damn well* like. I don't care. (ご自由に好きなように言いなさいよ，気にしないから) learn to ～「～できるようになる」 live with ...「... と折り合って暮らす；(通例いやな事) を受け入れる」作者の経歴不詳。

301 There is one thing women can never take away from men. — We die sooner. (P. J. O'Rourke)

Patrick J. O'Rourke (1947-) は，米国のジャーナリスト，作家，自由擁護論者．「女性が男から取り上げることのできないものが一つある。早死にだ」 もし取り上げたいと思うのなら ...。

302 Women who seek to be equal with men lack ambition.

(Timothy Leary)

Timothy Leary (1920-96) は，米国の作家，心理学者，幻覚剤

研究者。「男と対等であろうとする女性は野心を欠いている」[3]，[4]の関門を通過し，ガイナフォビアの何たるかを理解した今，この表現に戸惑うことはない。上位にいる者(女)が下の者(男)と同等になろうとすることを，野心とは言えないはず。

303 Plain women are always jealous of their husbands. Beautiful women never are. They are always so occupied with being jealous of other women's husbands.

(Oscar Wilde)

「器量が並みの女はいつも夫の愛を失うまいと気を配っている。きれいな女は絶対にそのようなことはしない。常に他の女たちの亭主の歓心を繋ぎとめておくことで頭が一杯なのだ」 美人にとって，そもそも男たちに妻がいること自体面白くない。be occupied with …「…に専念して，ふけって，頭が一杯で」 上掲例では jealous が2度使われている。それぞれ次のどの意味で用いられているか，考えてもらいたい。(a) wanting to keep what one has; (b) wanting to get what someone else has; (c) shocked and angry at not being liked so well as someone else. (*LDCE*) ［答：順に (a), (b)］

はじめとおわり

304 Why is it that we rejoice at a birth and grieve at a funeral? It is because we are not the person involved.

(Mark Twain)

Mark Twain (1835-1910) は，米国の小説家．本名 Samuel Langhorne Clemens。人の誕生や死に関わりあってこそ，喜びや悲しみがある。ゆえに，第 2 文を読んだとき「おや？」と思う。第 1 文は出来事に対する周囲の人たちの反応を述べており，第 2 文は産まれたばかりの赤子あるいは死者のことを言っている。「われわれが赤子の誕生で喜び，葬式で悲しむのはなぜか。それにかかわる当人ではないからだ」

305 Lying is like alcoholism. You are always recovering.
(Steven Soderbergh)

Steven Soderbergh (1963-) は，米国の映画脚本家・監督・プロデューサー。「嘘をつくことはアルコール中毒に似ている。いつも復旧中だ」 recover「(酔いから) 回復する」 re-cover「覆い直す」 嘘を隠すためにまた嘘をつくこと。いったん始(ま)ると，際限なくつづき，終わりがない。

306 From my rotting body, flowers shall grow and I am in them and that is eternity.   (Edvard Munch)

Edvard Munch (1863-1944) はノルウェーの画家。絵画『叫び』で有名なムンクのことばである。母は 30 歳で死に，姉弟も夭折し，いつも死を身近に感じていたといわれる。「私の朽ち行く肉体から必ず花が成長し，私はその中にいる。そしてそれは永遠だ」古来，いのちが中断されるという考えに人間は耐えられなかった。さまざまな人が永遠について思い巡らしてきたのもむりはない。このことばは日本人の心情に，不思議なほどによく合う。shall は自然の摂理・運命的必然を表す。

あとがき

　「あとがき」というのは，たいていは言い訳や弁明の場となっている。だが，私はあやまらない。本書の誤字・脱字，また舌足らずや思い違いは，すべてコンピュータのせいである。この理屈は本文を読んだ方には分かってもらえるはずだ。

　本書を読んで，ニコリ・ニンマリ・ニヤリ・ニタッ（どうしてニで始まるのか？）ともしなかった読者がいるとすれば，その人は幸福な人である。劣等感を持っていないのだから。

　人間のすべての行動を動機づける普遍的原理として，オーストリア人の精神科医 Alfred Adler (1870-1937) は，劣等コンプレックスを唱えた。人間はこの劣等感を何とかして隠したいと思うし，できれば何かの分野で他人に抜きんでてこれを克服し，優越感を持ちたいと思う。優越感はまさに快であり，人間が求めてやまないのは，実はこの快，喜びや愉快な楽しい気分なのである。手軽にできることは他人を侮辱し，見下し，その弱点を攻撃して優越感にひたることであろう。

　しかし，攻撃は社会ではタブーとされている。そこで，社会的に容認されるような攻撃の表現方法が生み出された。スポーツ，ユーモア，文芸，社会評論，風刺漫画等である。

　攻撃と笑いの関係を早くから指摘していたのがプラトンである。彼によれば，人は他人の中に弱点を見つけたときに笑うものであり，笑いはその弱点に対する，また間接的にはその本人に対する攻撃なのである。（もちろん，人が笑いを求めるのは劣等感の理由か

らばかりではない。その点ついては次書を参照：Avner Ziv 著・高下保幸訳『ユーモアの心理学』大修館書店）

　人はみな不快な劣等感から逃れ，他人を攻撃材料に仕立ててでも，優越感を得たいと思う。それは快であることに加えて，攻撃という心理的防衛機制となってわれわれを護ってくれるからである。世上おびただしい数のジョークが出回っていることは，攻撃の背後には劣等感があるというアドラーの説の一面の真理を証しているといえるかもしれない。

　本書をこのような形で世に出すに当たり，開拓社編集課の川田賢氏には格別のお世話になった。

引用・参考図書

（本書に収載したジョークは，新聞・雑誌・Web サイト等から拾ったものもあるが，大部分は以下の書籍から選んだ。）

Augarde, Tony (1984) *The Oxford Guide to Word Games*, Oxford University Press, Oxford.［新倉俊一（監訳）(1991)『英語ことば遊び事典』大修館書店．］
Copeland, L. and F. Copeland (1965) *10,000 Jokes, Toasts & Stories*, Doubleday & Company, New York.
藤井基晴 (1982)『実例英語のなぞなぞ』南雲堂，東京.
郡司利男 (1961)『英和笑辞典』(*Comic English Dictionary*)，研究社，東京.
郡司利男 (1982)『英語ユーモア講座』創元社，東京.
郡司利男 (1984)『ことば遊び12講』大修館書店，東京.
Meiers, M. and J. Knapp (1980) *5600 Jokes for All Occasions*, Avenel Books, New York.
Pepicello, W. J. and T. Green (1984) *The Language of Riddles*, Ohio State University Press, Columbus.
須沼吉太郎 (1993)『ユーモラス・イングリッシュ』秀英書房，東京.
鈴木進・岩田道子・L. G. パーキンズ (1993)『アメリカン・ユーモア』丸善，東京.
鈴木進・岩田道子・L. G. パーキンズ (1995)『英語ユーモア学』丸善，東京.

参考辞典等

Jespersen, O. (1909-49) *A Modern English Grammar*, 7 vols., Allen & Unwin. [*MEG*]
Longman Advanced American Dictionary, Longman Group

Limited, 2000. [*LAAD*]
Longman Dictionary of Contemporary English, Longman Group Limited, 1986. [*LDCE*]
Longman Dictionary of the English Language, Longman Group Limited, 1985. [*LDEL*]
Oxford Advanced Learner's Dictionary, Oxford University Press, 2005. [*OALD*]
Webster's New World Dictionary of the American Language (col. ed.), The World Publishing Company, 1962. [*WNWD*]

『英語教育事典』研究社,1961.
『英語故事伝説辞典』冨山房,1958.
『英語諺辞典』三省堂,1989.
『英語雑学事典』研究社,1982.
『英米風物資料辞典』開拓社,1971.
『研究社英語学辞典』研究社,1953.
『研究社国語新辞典』研究社,1969.
『研究社新英和大辞典』研究社,1984.
『語源百話―文化史的に見た外来語―』(田中秀央著),南江堂,1972.
『コンサイス英文法辞典』三省堂,1996.
『ジーニアス英和大辞典』大修館書店,2001.
『実戦英文法活用事典』日本英語教育協会,1984.
『新クラウン英語熟語辞典』三省堂,1986.
『新編英和活用大辞典』研究社,1995.
『ランダムハウス英和大辞典』小学館,初版,1979; 第2版,1994.
『リーダーズ英和辞典(第2版)』研究社,1999.
『リーダーズ・プラス』研究社,1994.

索　引

1. 日英両語をアルファベット順に並べてある。
2. 数字はジョーク番号を表す。ただし，斜体数字はページ数を表し，その章の書き出しの部分で取り上げていることを示す。

[A]

［諺］A friend in need　264
［諺］An apple a day keeps　179
abandon（異分析）　271
absent-minded professor　98, 106, 272
absolute　93
absolutely　5
account for　293
accuse (sb) of　176
acrophobia　68
ad　195
advantage　249
advertise　145
agoraphobia　68
aisle　84
Alan Holbrook　300
alcoholism　305
all right　62（両義），117
all the time　186
allowed to, be　93
altar　84

alter　84
ambi-　*29*
ambiguity　4, *15*, *29*
Ambrose Bierce　*119*
ambulance　104
amphi-　*29*
amphibology　*29*, 33, 255
anapaest　182
ancestor　15
another　15, 162
anticlimax　222, 236
antimony　190
antonym　256
aphaeresis　70
aphorism　*159*
apologetically　273
apologize　80, 283
apostrophe　268
around　69, 73
arrest　143
as … (…につれて)　130
as（関係代名詞）　266
as bad as　245

as few as   245
as little as   245
as many as   245
as much as   245
Ashleigh Brilliant   195, 279
astronaut   27
astronette   27
at home   215
at sb's expense   128
at the time   65
attendant   138
attraction   293
attractive   195
auctioneer   140
autobiography   191
aviator   27
aw   11
awhile   16

[B]

bachelor   63, 64, 291
back home   21
bald head   51
Baroness Orczy   282
bathe   129
be always ～ing   100
be dejected   111
Be it ever so humble   182, 185
be merry   184
be occupied with   303
be ready to   230
be tried for   141
(being) unable to   138

believe in   167
bet   245
better   245
bettor   245
bid   140
bigamy   32
bill   102
bite the hand   263
blame A on B   81
Blessed are the pure   183
blind as a bat   186
blonde jokes   241
bodies   129
boner   *119*
bore   45
bored to tears   45
breeches   18
British Museum   134
broker   247
部分否定   164, 213
bullet   38
文否定   164, 224
分裂文   14
分詞構文   116, 129, 138
文修飾   26, 120
bureaucrat   132
burglar   25
but (*adv.*)   218
but (*prep.*)   165
by rail   212

[C]

caddy (caddie)   159

call away 179
call on 22
can(not) ... and (共起) 32
cannot be 134
care if 166
Carol Burnett 274
carry 37
cease 131
cell 260
Charles Schulz 295
chiasmus 261
知覚動詞＋O＋〜 110
Chinaman 133
直説法 92
chorus 12
claim agent 142
clergyman 21
cockney 71, 72
coffin 238
coinage *145*
collection plate 130
collective noun 96
come across 136, 144
come along with 54
Come, now 134
come on 11
come upon 142
comictionary 27, 70, 83
complicated 169
computer 81
comrade 132
confidence 200
Congress 19
conjugation 37

convert (sb) to 134
cool 25
cosmic rays 192
court 33
Cruden's 80
cut ... off 119

[D]

dachshund 201
dame 11
damn well 300
Daniel Day-Lewis 277
dealer 248
Dear 118
deceivers 10
declension 37
deserve 93
determine 257
diet 19, 184
dime 56
diplomacy 202
dirty (*v.*) 54
disagree 3
discourage 136
discriminate 286
Don Herold 278
Don Marquis 289
Don't fail to 〜 95
Don't mention it 252
door stop 110
Douglas Adams 280
同格関係 136
動名詞(の意味上の主語) 132

同綴同音異義語　39, 246
down　47, 123
down and out　27
Dr. Johnson　219
draught　5
drop one's aitches　70
drown　61
drown one's troubles　61
duck　103
dyeing　51
dying　51

[E]

earn for　68
earnest　134
earwig　268
eavesdrop　189
edgeways　74
Edvard Munch　306
eh　44, 228
electricity　222
elite　63
elope　2
Emil Cioran　276
enable (sb) to ～　146
enclose　119
縁語　74, 272
enough ... for　87
enough ... without ～ing　279
ere　268
ethnic jokes　73
ever　10
everlasting　205

every time　19
exchange　204
exercise　243
experience in ～ing　136
[諺] Experience is the mother ...　261
explain (sth) to (sb)　138
extravagance　176

[F]

face making　148
faint　130, 266
falling [shooting] star　139
fast　50, 136
feed　57
feel good　22, 91
feel well　22, 91
figure　46
fine　42, 218
fire extinguisher　176
flypaper　96
fond of, be　35
Fools rush in　265
for　31, 42, 68, 88, 122, 135, 143, 204
for (等位接続詞)　184
For heaven's [God's, goodness] sake　173
for N to ～　74
for sale　145
foreman　120
fortune　146
four-fifths　209

four-letter words 226
副詞的属格 74
funeral 76, 266
fur coat 8
フロイト 100
付帯状況の with 172, 178

[G]

gag writer 109
含意 (connotation) 239
garbage can 133
generally speaking 6
generous 248
現在完了進行形 144
George Bernard Shaw 221, 283
George Carlin 275
George William Curtis 284
get a word in edgeways 74
get away with 143
get in a word edgeways 74
get O 〜en 44
get one's money's worth 203
get (sb) to 〜 61
get through 137
get (to 〜) 73
get (to …) 77, 104
get up stares 249
get upstairs 249
ghoti 221
疑問文(語用論的機能) 186
ぎなた読み 247
擬音語 103
give out 137

glasses 23
go in 61
go right on in 155
Go to the devil 167
go without saying 251
God'em 165
語否定 164, 224
語順 66, 145, 210, 222
golden rule, the 196
good for nothing 56
good-for-nothing 56
good-looking 101
good loser 54
語修飾 26
語頭音消失 70–72, 152
語用論 87, 186
grab 134
grain 8, 219
gratitude 234
great big 174
green apples 57
grow down 47
guilty 120
gynecology 68
gynephobia 68

[H]

habitat 187
had best 〜 300
half-witted 125
hang up 79
反意語 257
hardware store 145

hat in hand   186
have a good time   45
Have an accident?   60
have complete control of   65
have got   87, 135
have O ～en   39, 110, 286
have (sb, sth) ～ing   102
have trouble with   175
height of laziness   178
heir   243
Help Wanted   98
help-wanted column   98
henpeck   67
hereditary   117
飛蚊症   175
Hindu   134
比例比較級   86, 97
否定(種々の)   164
否定疑問   105
否定辞   93
hoarse   67
hold one's sides   57
homonym   39, 49, 136, 246, 250, 260
homophone   103, 250, 267
honor   141
法   92
包括的 we   239
How do you like   29
howler   *119*
How's that?   81, 146
How's the world treating you?   144
huh   13

humor (*v.*)   86
hydrophobia   68
hymn   84

[I]

I (can) tell you   151
I ever heard of   228
(I wish you) better luck   164
異分析   187, 188, 248, 271
icicle   47
idea!, The   56
idiom   94
idiot   94
I'll bet (that)   157
I'll teach you to ～   52
I'm afraid not.   85
impassable   237
in a rush   137
in a tight place   127
in hell   53
in need   264
in part payment of   169
in polite regret   134
in salt   250
in search of   135
income tax   20
indeed   138
inflection   37
inherit   190
insult   250
intelligence   240
intelligent   *63*
international affairs   208

intoxication　141
Irish bull　117, 123, 232
Is this Ted?　90
is to be = should be　140
［諺］It is no use crying over spilt milk　209
It is said that　74
It is ... that　14
It takes (...) to ～　132
It was ... when　57
異綴同音異義語　103, 243, 245, 267

[J]

jail　20, 70
Jespersen　24, 80, *145*, 224
Jesus Christ　165
jeweler's　143
地口　*141*, 184
Joe E. Lewis　292
除外の we　239
叙実法　92
joke fell flat　66
叙想法　92
情報構造　142
juror　120
jury　120
just　135
justice　20

[K]

かばん語　70
関係副詞(継続的用法)　130

仮定法過去完了　18
keep ～ing　159, 242
keep O ～ing　205
keep one's word　59
経験受動態　39, 110
既知情報　66
記号読み　43, 253
kilt　126
Kin Hubbard　286
knock-knock joke　181
コンマ　26
交差配列　260, 261

[L]

laconic answer　173
last (*v.*)　238, 256
last word(s), the　76
last word jokes　76–80, 82
latest　9
leave much　36
leave out　165
left　257
liberty　204
lifetime　238
light bulb jokes　132
limerick　182
linguist　206
liquor　141
little ones　24
live up to　109
live with　300
liveryman　135
local anesthetic　158

Londoner 71
look down in the mouth 111
look for 216
lost in thought 58
lousy 104
lovely 252
lower one's voice 7
Luigi Pirandello 281
lustily 12

[M]

Mahatma Gandhi 297
make ... a cigarette lighter 255
make a face 148
make it ... for (sb) to ～ 249
make + O + ～ 50
make out 20, 104
malapropism 194
Man alive! 139
manage 87
Many happy returns 70
mare 120
mark 93, 118
Mark Twain 299, 304
matter 220
may (疑問詞との共起) 246
mean thing 171
metanalysis 187, 189, 250
metathesis (音位転換) 260
might as well 292
mimic 156
mince pie 152
mind 128, 166, 220

minister 144
mint 256
miss (*v*.) 95, 106
missionary 134
mixed drink 183
moan 142
黙音 68
Mona Lisa 11
[諺] Money makes the mare to go. 72
[諺] Money talks 206, 251
monogamy 198
monotony 198
mood 92
move over 142
mustard 250
muster 250
My dear 18
My lord 120
myth 293

[N]

鳴き [吠え] 声 103
nasty 202
夏目漱石 98
neighbor 207
Neither do I 160
nether world 72
nickel 56
二重制限関係詞節 286
n-linking 187
no better than 245
no less than 245

no more than   245
nonce word   54, 266
not in the least   95
not offensive to   29
nothing (*n.*)   8
now and then   74
nurse   16
nut   40

[O]

oats   219
objective   199
observatory   139
octogenarian   23
oculist   193
odd   161
off   125
offer   129, 147
Oh, damn!   165
on (*adv.*)   155
on one's rounds   144
once-over   17
one   *17*, 24, 239
one-liner   6
one who …   126, 129, 207
音位転換   260
onomatopoeia   103
optician   193
optimist   193
or = otherwise   134
orchestra   235
outspoken   18
overhaul   39

overturn   142
overweight   46

[P]

pa   103
Paddy   121
pains   44, 57
paper weight   110
parcel   119
パロディー   *153*, 263
parsing   *23*, 32
parting   51
pass away   4
patriot   230
paw   32
pay attention to   155
pay [make] part payment(s) on   169
peer   139
penny   56
pepper   250
per cent = percent   125
perjury   141
personal   118
Pharaoh   247
-phobia   68
physician   46
physicist   46
P. J. O'Rourke   301
plain   150
play dead   12
poet laureate   277
polar bear   187

politician   112
poor [bad] loser   54
poorhouse   20
Pope, Alexsander   218, 265
popularity contest   55
positively   25
postscript   119
preposition   210
press=iron   270
Prince Philip, Duke of Edinburgh   298
print   131
private   118
profession   109
professor   90–93, 106, 107
profit   247
prophet   247
provided (接続詞)   79
P.S.   119
psychiatrist   100
psychoanalyst   100
psychologist   100
pun   *141*
punch line   5, 159, 162, 173
pup   18
purchase   176
purchaser   140

[Q]

quack   103
quarter   56
question   162
quite a [an]   16, 88

[R]

railway crossing   142
raise one's voice   7
rather   67
rattle   149
re(-)cover   305
reduce   253
reducing   54
regret(s)   134
relate   136
remark   133
remind (sb) of   11
reprimand   156
request (sb) to ～   90
resolve   194
revive   266
revolve   194
re-wive   266
rhyme   182
right   23, 155, 257
rising generation   262
r-linking   188
Romans   197
round numbers   46
rush   247

[S]

save   110, 119
say   13, 155, 159
sb's idea of   72, 109
Scotch   125
Scotchmen   131

Scots/Scotish, the 125
Scotsmen 131
search for 129
seasickness 212
second marriage 219
see (that) 145
聖書 80, 183, 184, 189, 196, 221, 247
send for 179
sense of humor 43, 86, 297
選択疑問文 6
seriously 120
shake up 260
Shakespeare 10, 43, 68
詩脚 (foot) 182
shot 139
should (〜するはずだ) 69, 238
修辞疑問 162
sign 155, 237
silent 68
simile (直喩) 186
新情報 66, 142
心的態度 (mood) 92
sleeping powder 177
smash-and-grab 143
smash up 142
so as not to 〜 107
son and heir 243
sore throat 91
sound as a dollar 135
soup fly jokes 231
sour grapes 209
spare no pains 44
special delivery letter 118

spirits 183
Spoonerism 260
Steven Soderbergh 305
still 35
stranger 58
string 147
struggle to 〜 205
Sure 117, 188
surgeon 46
swear word 165
synonyms 239

[T]

tactic 215
Take Notice 237
tax 19, 291, 292
teapot 43
that long 151
The customer is always right 233
The instant *142*
The minute *142*
The moment *142*
The more ..., the more ... 86, 97
the other 116, 239
The way 292
Then 124
there in the corner 21
There is N 〜ing 17
There is no 〜ing 51
there is nothing worse than 183
there isn't any use 〜ing 186
they (不特定の) 13, 143

they（当局） 129
They say 74
Thing（有性／無性） 174
things 13
think nothing of 160
this（電話） 90
This is me [he] speaking. 90
Thomas Edward Brown 285
thoughtfulness 229
till（目的） 142
［諺］Time and tide wait for no man 217
time +（that）関係詞節 80
Timothy Leary 302
To err is human 218
to the point 74
特殊否定 224
Tom Swifties 269–273
tongue 35
too 149
too many 32
倒置反復 220
倒置表現 142
頭韻 186
tramp 152
travail 212
treatment 192
trouble 24, 61, 66, 127, 175, 216
try and 109
try to ～ 105

[U]

under sb's hat 236

underrate 188
undeveloped territory 236
up in the sky 21
up there 13
up to 256

[V]

vacuum cleaner 96
vanity 239
verdict 120
Voltaire, F. M. A. 222

[W]

waistcoat 119
［諺］Walls have ears. 268
Warning 123
was driving ... when 123
was ready to ～ when 123
wastebasket 96
wealthy 129
Wellerism 189, 266–268
What (Watt) 244
What ... for? 31, 89, 110, 172
what kind of 103
What's the idea (of) 116
What's the trouble? 127
wheel 40
when（形容詞節を導く） 11
when（読み下しの） 123, 130, 144
where（両義） 91
Where is your ...? 186
Who doesn't? 162

Why（間投詞） 122, 152, 243
Why don't you ~? 61
Why not? 22
Wild, Oscar 223, 224, 291, 293, 294, 296
will（意志） 178
Winston Churchill 210
wiseacre *119*
wisecrack *128*
with 18, 43, 66, 80, 102
with great rapidity 137
with + O + 句 178
with regret 134
with sense 43
worse 37
worst joke 122
worthy 153
would sooner 122
wreck 165
write to say 48
wrong 123
wrong side out 116

[X]

xenophobia 68

[Y]

yawn 73
ye 184
yearn for 68
you（総称的用法） 10
You know 31
You see 59
Young man 94
youngster 18
Your Honor 141
Your loving mother 119

[Z]

漸降法 222
前方照応 24
全体否定 164

中野　清治　(なかの　きよはる)

1936年，富山県生まれ。富山大学文理学部文学科卒，出版社勤務の後，公立学校教諭，富山商船高専助教授を経て国立高岡短期大学（現在，富山大学芸術文化学部）助教授，同教授，同名誉教授。
　著書：『王様とタカ』（共著），『ブレーメンの音楽隊』（共著），『親ゆびトム』（共著），『わらしべ長者』（共著），『パイプスじいさん』（いずれも学生社）など。

英語ジョーク快読のススメ
――ジョークがわかれば，言葉も文化もわかる――　〈開拓社　言語・文化選書 11〉

2009 年 6 月 17 日　第 1 版第 1 刷発行

著作者	中　野　清　治
発行者	長　沼　芳　子
印刷所	日之出印刷株式会社

発行所　株式会社　開　拓　社

〒113-0023　東京都文京区向丘 1-5-2
電話　(03) 5842-8900（代表）
振替　00160-8-39587
http://www.kaitakusha.co.jp

ⓒ 2009 Kiyoharu Nakano　　　　ISBN978-4-7589-2511-2　C1382

Ⓡ〈日本複写権センター委託出版物〉
本書(誌)を無断で複写複製（コピー）することは，著作権法上の例外を除き，禁じられています。コピーされる場合は，事前に日本複写権センター（JRRC）の許諾を受けてください。
JRRC〈http://www.jrrc.or.jp　e メール: info@jrrc.or.jp　電話: 03-3401-2382〉

開拓社　言語・文化選書

気軽に読める言語学書を！
日本語・英語を中心とした様々な言語や文化についての興味深い事柄をテーマとして取り上げ，その研究成果を平易に解説する。読者にとって，言語学・言語研究がより身近なものとなるよう，その楽しさや面白さを広く伝えることをめざしたい。

〈四六判，並製〉（定価は消費税5％込）

① 新版 言外の意味（上）　　　　　　　　　　　安井　稔

一見無意味と思われることばでも，何か意味があるのではないかと思い，解釈しようとする。それが，人間の，おそらく，もって生まれた特性であり，その特性が，言外の意味を支え，ことばの世界を豊かにする基盤となるのである。〈日本図書館協会選定図書〉　　　[160頁／定価1470円]

② 新版 言外の意味（下）　　　　　　　　　　　安井　稔

文字どおりでは伝え難い意味があるとき，既存の言語形式に創意工夫がなされる。各種メタファーも共感覚表現も痛みの表現もアイロニーもそのようにして生まれる。そうして新しい意味の世界に形が与えられるのである。〈日本図書館協会選定図書〉　　　[168頁／定価1470円]

③ 世界に通用しない英語
── あなたの教室英語，大丈夫？ ──　　　　　八木克正

日本の英語教育の中身が何かおかしいと思うあなた，お教えします。世界に通用しない英語，根拠のない文法規則，19世紀以前の英語を堂々と記載する学習英和辞典。日本の英語教育の実態を明らかにし，病根を絶つ手だてを考えます。　　　　　　　　　　　　　[208頁／定価1680円]

④ ことばは壊れない
　　──失語症の言語学── 　　　　　　　　　　久保田正人

失語症状は，脳損傷によって統合力が低下した脳が，その状態で最大限に効率的な言語活動を行おうとする姿である。それは，相手が誤りに気づいて自動修正してくれる箇所のみを誤るという，すぐれて高級なストラテジーである。
[216頁／定価1785円]

⑤ 英語の文型
　　──文型がわかれば，英語がわかる── 　　　　安藤貞雄

文型がわかれば，英語がわかるという信念のもとに8文型を提唱した，本邦初の英語文型論の本格的モノグラフ。第Ⅰ部で，基本文型を扱い，第Ⅱ部では，何らかの変形を加えて派生される派生文型を扱う。
[216頁／定価1785円]

⑥ 構造から見る日本語文法 　　　　　　　　　　　三原健一

40年以上にわたって，生成文法による日本語研究で発掘されてきた面白い言語事実を，樹形図を用いて「構造」の観点から説明した日本語文法書。基礎知識がなくても容易に読み進められるよう，専門用語を使わず解説した。〈日本図書館協会選定図書〉
[192頁／定価1680円]

⑦ ことばと論理
　　──このままでいいのか言語分析── 　　　　　児玉徳美

今日，大量の情報こそ流れているが，あいまいな表現や矛盾した論理がまかり通っている。ことばは人間のあらゆる営為にかかわるため，人間の言動の全域を対象に，ことばの復権とともに言語分析のあり方を考察している。
[208頁／定価1680円]

⑧ ネーミングの言語学
——ハリー・ポッターからドラゴンボールまで——
窪薗晴夫

人名や会社名などのネーミングに言葉の規則や構造がどのように関わっているかを考察した。ハリー・ポッターやドラゴンボールなどの小説や漫画，日常的な言い間違いなどを例に，日英語のリズムや音節構造を解説した。
[192頁／定価1680円]

⑨ レキシカル・グラマーへの招待
——新しい教育英文法の可能性—— 佐藤芳明・田中茂範

文法項目が有機的にリンクし合ったとき，英文法はシステムとして機能する。語彙の意味とその構文的可能性に注目する「レキシカル・グラマー」——これが相互連関化の原理だ。認知的スタンスから「なぜ」にアプローチ。
[240頁／定価1890円]

⑩ 日常言語に潜む音法則の世界
田中伸一

日常言語の中に音法則の不思議を発見する喜び，その不思議を納得に変える醍醐味を，日本語や英語を通して丁寧に解説した音韻論の本格的入門書。その解説は音の獲得，類型，歴史変化，社会的バリエーションに及ぶ。
[224頁／定価1890円]

⑪ 英語ジョーク快読のススメ
——ジョークがわかれば，言葉も文化もわかる——
中野清治

英語ジョークに潜む言語上の仕掛け（多彩な両義表現，語頭音消失，交差配列，異分析等）を解明するとともに，パロディーに利用される諺・聖書・有名句や文人にまつわるエピソードを紹介した知と英語の幅を広げる一書。
[208頁／定価1680円]

⑫ 英語の冠詞
　　——その使い方の原理を探る——　　　　　　　　樋口昌幸

冠詞の選択を決定づける原理を的確に解説。冠詞付きの例と無冠詞の例との対比を通して冠詞の有無による意味の違いをくっきりと浮かび上がらせる。視覚的に理解できるようチャートとイラストも添えられている。

[224頁／定価1890円]

　　　　　　　　　　　　　　　　　　　　　　　　　　　（以下続刊）